CUISINE
facile

BRIMAR

Le logo des produits laitiers canadiens ⊗ est une marque de certification déposée des Producteurs laitiers du Canada. La marque de certification déposée a été créée afin d'authentifier les produits fabriqués exclusivement à partir de lait canadien et répondant aux normes fixées par Agriculture Canada.

© 1996 Les Éditions Brimar inc.
338, rue Saint-Antoine Est
Montréal, Canada H2Y 1A3
Tél. (514) 954-1441
Fax (514) 954-5086

Conception graphique: Zapp
Mise en page, numérisation et pelliculage: Caractéra
Photographies: Rodrigo Gutierrez
Préparation des recettes: Josée Robitaille
Aide-styliste: Louis Hudon
La vaisselle est une gracieuseté de: Pier I Imports
Arthur Quentin
Stokes

Photos de la page couverture:
Poitrine de dinde au parmesan (recette de la page 124) et
Gâteau au fromage à l'ancienne (recette de la page 166)

Nous tenons à remercier Dairy Farmers of Ontario pour leur contribution aux recettes.

Veuillez faire parvenir vos requêtes, questions et commentaires à:
Cuisine facile
RECETTTES SIMPLES ET DÉLICIEUSES
AVEC LES PRODUITS LAITIERS DE CHEZ NOUS
1981, avenue McGill College
Suite 1330
Montréal, Québec
H3A 2X9

Données de catalogage avant publication (Canada)
Cuisine facile: recettes simples et délicieuses avec les produits laitiers de chez nous
Publ. aussi en anglais sous le titre: Cooking made easy

Comprend un index
ISBN 2-89433-273-4
1. Cuisine (Produits laitiers)
TX759.C66 1996   641.6'7   C96-900481-8

Imprimé en Colombie

CUISINE *facile*

Table des matières

CUISINE
facile

Source de vie et de santé, les produits laitiers constituent une riche source de protéines, de vitamines et de minéraux, et occupent une place importante dans notre alimentation. Comme ils sont aussi diversifiés que savoureux, il est facile de prendre chaque jour les deux à quatre portions recommandées par le *Guide alimentaire canadien pour manger sainement.*

Exemple de portions de produits laitiers :

1 tasse (250 ml) de lait
2 oz (50 g) de fromage à pâte ferme
¾ tasse (175 g) de yogourt
¾ tasse (175 g) de crème glacée

Les produits laitiers sont des aliments sains qui s'apprêtent facilement à toutes les sauces ! Dans ce livre de cuisine abondamment illustré, les producteurs laitiers du Canada vous proposent 150 recettes simples et délicieuses, faites avec des produits laitiers de chez nous. Qu'il s'agisse d'amuse-gueules appétissants, de soupes veloutées, de plats principaux succulents, de légumes savoureux ou de desserts exquis, nos recettes testées en cuisine vous permettront de découvrir que les produits laitiers se prêtent à merveille autant à des mets élaborés qu'à des petits plats préparés sur le pouce.

De plus, ce livre contient des conseils utiles sur la préparation et la conservation des aliments, ainsi que des variantes pour certaines recettes. Le logo de la petite vache 🐄 quant à lui, indique quels fromages utiliser pour varier la saveur de certains mets tout en conservant leur valeur nutritive. Rappelez-vous : quand vous avez le fromage, vous avez le choix !

Cuisiner avec les produits laitiers de chez nous est un gage de réussite. De notre cuisine à la vôtre, nous espérons que vous apprécierez ces recettes sélectionnées spécialement pour vous.

Les produits laitiers canadiens

La fraîcheur et la qualité de tous les produits laitiers canadiens sont garanties, puisque nos normes de qualité laitière sont parmi les plus élevées au monde. Pour reconnaître les produits faits à partir de lait des producteurs laitiers du Canada, recherchez sur les emballages la petite vache à l'allure sympathique marquée d'une feuille d'érable 🐄. Ce symbole signifie que vous achetez des produits faits à cent pour cent de lait canadien. Procurez-vous ce qu'il y a de meilleur et goûtez à la riche saveur des produits laitiers de chez nous dans toutes nos recettes.

➤ Les fromages canadiens

L'utilisation du fromage comme ingrédient de base dans notre cuisine est une tradition qui remonte à environ trois cents ans. Aujourd'hui, les producteurs canadiens nous offrent pas moins de 150 variétés de fromages bien de chez nous. Que vous l'aimiez doux ou fort, à pâte molle, affinée, fraîche, relevée, ferme ou persillée, le fromage procure une variété d'éléments nutritifs. Par exemple, les protéines contenues dans le fromage peuvent aider à former, maintenir et restaurer les tissus de l'organisme. Nos recettes ont été minutieusement sélectionnées afin de vous faire apprécier toute la variété de textures et de saveurs des fromages canadiens.

➤ Le lait : le secret des gourmets

En plus d'offrir une excellente source de calcium nécessaire à notre organisme, le lait est à la fois désaltérant, réconfortant et nutritif. Il entre dans la préparation de nombreux plats, des œufs brouillés au poisson, en passant par les crêpes et les pâtes. Les grands chefs du monde entier l'utilisent pour donner velouté, douceur et onctuosité à leurs potages, sauces et desserts. De plus, les enfants en raffolent sous toutes ses formes : nature, frappé, aromatisé, glacé. Laissez-vous tenter par nos soupes à base de lait et, lors de froides soirées d'hiver, dorlotez votre famille en lui offrant des boissons chaudes au lait aromatisé de chocolat ou d'érable.

➤ La crème de la crème

La crème accompagne à merveille nombre de délices culinaires et se prête tant à des mets salés qu'à des gâteries sucrées. Une petite cuillerée de crème sure, par exemple, rehausse la saveur d'une soupe ou d'une salade de pommes de terre. Quant à la crème légère ou de table, elle n'a pas son pareil pour parfaire une quiche ou un plat de pâtes ! Et enfin, que

dire de la crème à fouetter qui transforme de simples desserts en véritables délices ! Découvrez-en toute la richesse dans nos succulentes garnitures et sauces à coupe glacée.

➤ Le yogourt : un délice des plus sains

Le yogourt est un aliment délicieux qui permet de préparer des plats à la fois faibles en matières grasses et riches en protéines. En outre, sa texture particulière confère aux mets une douceur inégalable. Vous découvrirez qu'il se marie délicieusement aux fruits pour préparer des boissons rafraîchissantes. Il vous permet aussi de créer de délicieuses trempettes qui surprendront vos invités. Enfin, une simple cuillerée de yogourt déposée sur un potage fumant ajoutera une touche géniale à vos créations culinaires.

➤ Du beurre et rien d'autre

Rien n'égale le goût du beurre en cuisine et en pâtisserie. En fait, il suffit d'un soupçon de beurre pour faire ressortir toute la saveur des aliments, pour les rendre plus tendres, plus doux et plus onctueux. Que vous l'utilisiez nature ou mélangé avec des fines herbes, on ne lui connaît aucun substitut. Aromatisé de miel, de lime ou de coriandre, le beurre vous fera redécouvrir le bon goût du maïs en épi. Et les vrais amateurs vous le diront : du maïs soufflé sans beurre, ce n'est pas du maïs soufflé !

➤ Toute la richesse de la crème glacé

La texture riche et crémeuse de la crème glacée et son goût raffiné en font la gâterie la plus populaire au monde. Offerte en plusieurs textures et en un vaste éventail de saveurs, elle est tout simplement irrésistible, surtout les jours de canicule ! Gardez-en toujours au congélateur : c'est un dessert apprécié de tous, qu'elle soit servie seule ou accompagnée de fruits frais, nappée d'une sauce onctueuse, ou encore incorporée à vos recettes de lait frappé.

LES
AMUSE-GUEULES

Trempette crémeuse aux fines herbes

Trempette crémeuse aux fines herbes

1	paquet de fromage à la crème de 125 g, ramolli	1
¾ tasse	yogourt nature *ou* crème sure	175 ml
1 c. à s.	échalote hachée finement	15 ml
1 c. à s.	persil frais haché finement	15 ml
1 c. à t.	aneth séché	5 ml
	sel assaisonné	
	assortiment de crudités *ou* craquelins	

◄ Dans un petit bol, au batteur électrique, mélanger le fromage à la crème jusqu'à l'obtention d'une texture lisse. Incorporer graduellement le yogourt ou la crème sure.

◄ Ajouter l'échalote, le persil et l'aneth ; saler et bien mélanger.

◄ Réfrigérer au moins 1 heure pour permettre aux saveurs de bien se mêler. Servir avec des crudités ou des craquelins.

Environ 1²/³ tasse (400 ml)
Préparation : 10 minutes
Repos : 1 heure

Trempette crémeuse aux fruits de mer : omettre le persil et l'aneth. Ajouter 1 c. à t. (5 ml) de raifort préparé, ¾ c. à t. (3 ml) de sauce Worcestershire, ¼ c. à t. (1 ml) de sauce au piment fort. Incorporer 1 tasse (250 ml) de chair de crabe en flocons *ou* de crevettes cuites, hachées finement. *Donne environ 2 tasses (500 ml).*

Trempette aux haricots rouges et au cheddar chaud

2	boîtes de chili con carne de 7 ½ oz (213 g) *chacune*	2
1½ tasse	fromage cheddar canadien râpé*	375 ml
	tortillas ou croustilles de maïs	

* Variez la saveur de cette trempette en remplaçant le cheddar par d'autres sortes de fromages canadiens : havarti au jalapeño, colby, brick *ou* Monterey Jack.

◄ Dans un poêlon de taille moyenne, écraser grossièrement le chili. Incorporer le cheddar.

◄ Faire cuire à feu moyen-doux, en remuant sans cesse, jusqu'à ce que le fromage soit fondu et le mélange, bien chaud. Servir tiède, avec les tortillas.

2 tasses (500 ml)
Préparation : 5 minutes
Cuisson : 5 minutes

— CONSEIL —

Pour une trempette plus épicée, ajoutez de la sauce au piment fort, au goût.

Amuse-gueules aux pommes de terre et au cheddar

2	pommes de terre à cuire au four, de taille moyenne	2
	beurre fondu	
	sel et poivre	
1¼ tasse	fromage cheddar canadien râpé finement	300 ml
6	tranches de bacon, cuites et émiettées	6
3 c. à s.	échalotes hachées finement	45 ml

◄ Préchauffer le four à 375 °F (190 °C).

◄ Couper une fine tranche à chaque extrémité des pommes de terre. Détailler ensuite les pommes de terre en tranches de ¼ po (5 mm) d'épaisseur. Les assécher avec du papier absorbant, puis les disposer en une seule couche sur une plaque à biscuits peu profonde, légèrement graissée.

◄ Badigeonner les pommes de terre de beurre fondu, saler et poivrer.

◄ Faire cuire au four 10 minutes, ou jusqu'à ce que les pommes de terre soient tendres. Dans un bol, mélanger le cheddar, le bacon et les échalotes; étaler ce mélange sur les pommes de terre. Poursuivre la cuisson au four 5 minutes, ou jusqu'à ce que le fromage soit fondu.

Environ 30 amuse-gueules
Préparation : 20 minutes
Cuisson : 15 minutes

Pommes de terre au fromage suisse et au jambon: remplacer le cheddar par du fromage suisse canadien et le bacon, par ½ tasse (125 ml) de jambon cuit haché finement.

Pommes de terre au fromage oka et aux champignons: remplacer le cheddar par du fromage oka ou par du saint-paulin canadien et le bacon, par 1 tasse (250 ml) de champignons frais, hachés finement, sautés dans du beurre, salés et poivrés au goût.

Trempette au fromage nacho

2 c. à s.	beurre	30 ml
1	oignon de taille moyenne, haché	1
1 tasse	tomates hachées finement	250 ml
1½ c. à s.	farine	25 ml
1 tasse	lait	250 ml
1½ tasse	fromage cheddar canadien râpé*	375 ml
2 c. à s.	piments jalapeños *ou* petits piments forts hachés	30 ml
	sauce au piment fort *ou* assaisonnement au chili	
	croustilles de tortillas	

* Variez la saveur de ce plat en remplaçant le cheddar par d'autres sortes de fromages canadiens: brick, farmer *ou* Monterey Jack

◄ Dans un poêlon de taille moyenne, faire fondre le beurre. À feu moyen, y faire cuire l'oignon et les tomates, jusqu'à ce que l'oignon soit tendre.

◄ Mettre la farine dans un petit bol; bien incorporer graduellement le lait. Verser dans le poêlon. Poursuivre la cuisson à feu moyen, en remuant sans cesse, jusqu'à ce que le mélange bouille et épaississe. Retirer le poêlon du feu; incorporer le cheddar et remuer jusqu'à ce qu'il soit fondu. Sans cesser de remuer, ajouter d'abord les piments, puis la sauce au piment fort. Servir chaud, avec des croustilles de tortillas.

Environ 2½ tasses (625 ml)
Préparation: 15 minutes
Cuisson: 10 minutes

Pitas-pizzas

2	pains pita de blé entier*	2
1	boîte de sauce à pizza de 7½ oz (213 ml)	1
½ tasse	poivron vert haché	125 ml
½ tasse	pepperoni coupé en rondelles fines	125 ml
1	boîte de champignons tranchés de 10 oz (284 ml), égouttés	1
2 tasses	fromage mozzarella canadien râpé**	500 ml
¼ tasse	fromage parmesan canadien râpé finement	50 ml

** Variez la saveur de ce plat en remplaçant la mozzarella par d'autres sortes de fromages canadiens : fontina *ou* provolone.

◄ Préchauffer le four à 350 °F (180 °C).

◄ Diviser chaque pain pita en 2 tranches rondes. Déposer les tranches de pita sur une plaque à biscuits, le côté creux vers le haut.

◄ Répartir également la sauce à pizza entre les croûtes. Garnir de poivron vert, de pepperoni, de champignons, ou de tout autre ingrédient au choix. Parsemer de mozzarella, puis de parmesan.

◄ Faire cuire au four 20 minutes, ou jusqu'à ce que les pitas-pizzas soient chaudes et que le fromage bouillonne.

* Pour obtenir une croûte épaisse, utiliser 4 pains pita entiers ; ne pas les diviser en 2.

4 portions
Préparation : 10 minutes
Cuisson : 20 minutes

─ CONSEILS ─

Utilisez des ciseaux de cuisine pour couper les pizzas en pointes.

Pour plus de piquant, parsemez chaque pizza de rondelles de jalapeños marinés ou de piments bananes.

Répartir également la sauce
à pizza entre les croûtes.

Garnir de poivron vert, de
pepperoni et de champignons.

Parsemer de mozzarella, puis
de parmesan.

Maïs éclaté au beurre Tex-Mex

1/3 tasse	beurre fondu	75 ml
1 c. à t.	assaisonnement au chili	5 ml
1/4 c. à t.	sauce au piment fort	1 ml
1/4 c. à t.	poudre d'ail	1 ml
10 tasses	maïs éclaté, chaud	2,5 litres

◀ Dans un petit bol, mélanger le beurre avec l'assaisonnement au chili, la sauce au piment fort et la poudre d'ail. Verser sur le maïs éclaté ; bien mélanger pour l'en enrober. Servir immédiatement.

Environ 10 tasses (2,5 litres)
Préparation : 5 minutes

Maïs éclaté au beurre italien au parmesan

1/3 tasse	beurre fondu	75 ml
2 c. à s.	fromage parmesan canadien râpé finement	30 ml
1 c. à t.	basilic séché	5 ml
1/2 c. à t.	origan séché	2 ml
1/4 c. à t.	poudre d'ail	1 ml
10 tasses	maïs éclaté, chaud	2,5 litres

◀ Dans un petit bol, mélanger le beurre avec le parmesan, le basilic, l'origan et la poudre d'ail. Verser sur le maïs éclaté ; bien mélanger pour l'en enrober. Servir immédiatement.

Environ 10 tasses (2,5 litres)
Préparation : 5 minutes

Maïs éclaté au beurre taco

1/3 tasse	beurre fondu	75 ml
2 c. à t.	assaisonnement pour tacos	10 ml
10 tasses	maïs éclaté, chaud	2,5 litres

◀ Dans un petit bol, mélanger le beurre avec l'assaisonnement pour tacos. Verser sur le maïs éclaté ; bien mélanger pour l'en enrober. Servir immédiatement.

Environ 10 tasses (2,5 litres)
Préparation : 5 minutes

Fromage à la crème et aux fines herbes

1	paquet de fromage à la crème de 250 g, ramolli	1
½ tasse	beurre, ramolli	125 ml
2 c. à s.	persil frais haché	30 ml
1	gousse d'ail, hachée	1
¼ c. à t.	sel	1 ml
¼ c. à t.	*chacune* des fines herbes séchées et émiettées suivantes: aneth, basilic, thym, marjolaine	1 ml
	toasts melba, craquelins *ou* tranches de baguette	

◄ Au robot culinaire muni d'une lame métallique, bien mélanger le fromage à la crème avec le beurre, le persil, l'ail, le sel, l'aneth, le basilic, le thym et la marjolaine.

◄ Verser la préparation dans un petit bol ou dans un petit pot de terre cuite. Laisser reposer 1 heure pour permettre aux saveurs de bien se mêler. Servir avec des toasts melba, des craquelins ou des tranches de baguette.

Environ 1¾ tasse (425 ml)
Préparation : 10 minutes
Repos : 1 heure

Nachos au fromage

6 tasses	croustilles de tortillas	1,5 litre
3 tasses	fromage cheddar canadien râpé*	750 ml
	piments jalapeños marinés, tranchés *ou* salsa	
	crème sure	

* Variez la saveur de ce plat en remplaçant le cheddar par d'autres sortes de fromages canadiens : brick, farmer *ou* Monterey Jack.

◄ Préchauffer le four à 400 °F (200 °C).

◄ Déposer les croustilles de tortillas dans un plat allant au four, peu profond, tapissé de papier d'aluminium. Couvrir de cheddar.

◄ Faire cuire au four 5 minutes, ou jusqu'à ce que le fromage soit fondu. Garnir de piments jalapeños et de crème sure. Servir immédiatement.

6 à 8 portions
Préparation : 5 minutes
Cuisson : 5 minutes

① Détailler chaque pomme de terre en quartiers, dans le sens de la longueur.

② Avec une cuillère, retirer juste assez de pulpe pour obtenir une coquille de 1/8 po (3 mm) d'épaisseur.

③ Badigeonner de beurre les deux côtés des pelures de pommes de terre, puis les déposer, le côté coupé vers le haut, sur une grande plaque à biscuits.

Pelures de pommes de terre croustillantes, à la mexicaine

4	grosses pommes de terre à cuire au four	4
	beurre fondu	
	assaisonnement pour tacos *ou* assaisonnement au chili	
2 tasses	fromage colby *ou* Monterey Jack canadien râpé	500 ml
1	boîte de sauce pour tacos de 7½ oz (213 ml)	1
1	petite tomate, épépinée, coupée en dés	1
2 c. à s.	persil haché finement	30 ml

◄ Préchauffer le four à 400 °F (200 °C).

◄ Laver les pommes de terre et les piquer avec une fourchette. Les faire cuire au four 1 heure, ou jusqu'à ce qu'elles soient cuites. Les sortir du four et les laisser refroidir.

◄ Détailler chaque pomme de terre en quartiers, dans le sens de la longueur. Avec une cuillère, retirer juste assez de pulpe pour obtenir une coquille de ⅛ po (3 mm) d'épaisseur ; réserver la pulpe pour une utilisation ultérieure.

◄ Monter la température du four à 500 °F (260 °C). Badigeonner de beurre les deux côtés des pelures de pommes de terre, puis les disposer, le côté coupé vers le haut, sur une grande plaque à biscuits ; les faire cuire au four 12 minutes, ou jusqu'à ce qu'elles soient croustillantes.

◄ Lorsque les pelures de pommes de terre sont cuites, les saupoudrer d'assaisonnement pour tacos ; couvrir de fromage. Remettre au four jusqu'à ce que le fromage soit fondu.

◄ Dans une petite casserole, à feu moyen, mélanger la sauce pour tacos avec la tomate et le persil. Lorsque le mélange est chaud, en déposer, avec une cuillère, sur les pelures de pommes de terre ; servir.

16 amuse-gueules
Préparation : 20 minutes
Cuisson : 1 heure 15 minutes

Garniture italienne : parsemer légèrement les pelures de pommes de terre d'origan séché ; couvrir d'un mélange de 1½ tasse (375 ml) de mozzarella *ou* de provolone canadien râpé grossièrement et de ¼ de tasse (50 ml) de parmesan canadien râpé finement. Remettre au four jusqu'à ce que les fromages soient fondus. Faire chauffer le contenu d'une boîte de sauce à pizza de 7½ oz (213 ml). Avec une cuillère, en garnir les pelures de pommes de terre.

LES BOISSONS

Réveil aux fraises

Réveil aux bananes

2½ tasses	lait froid	625 ml
2	œufs, bien frais	2
1	banane mûre de taille moyenne, pelée et coupée en morceaux	1
2 c. à s.	miel liquide	30 ml
⅓ tasse	jus d'orange concentré congelé	75 ml

◄ Au mélangeur, à haute vitesse, réduire en une préparation lisse le lait, les œufs, la banane, le miel et le jus d'orange.

Environ 4 tasses (1 litre)
Préparation : 5 minutes

Boisson du matin à l'orange et à l'ananas

1 tasse	lait froid	250 ml
1	œuf, bien frais	1
½ tasse	ananas broyé, avec le jus	125 ml
¼ tasse	jus d'orange concentré congelé	50 ml
1 c. à s.	sucre	15 ml

◄ Au mélangeur, à haute vitesse, réduire en une préparation lisse le lait, l'œuf, l'ananas, le jus d'orange et le sucre.

Environ 2 tasses (500 ml)
Préparation : 5 minutes

Réveil aux fraises

2 tasses	lait froid	500 ml
2	œufs, bien frais	2
1 tasse	fraises tranchées	250 ml
¼ tasse	sucre	50 ml

◄ Au mélangeur, à haute vitesse, réduire en une préparation lisse le lait, les œufs, les fraises et le sucre.

Environ 4 tasses (1 litre)
Préparation : 5 minutes

Frappé à l'arachide et au miel

2	grosses boules de crème glacée à la vanille	2
1 tasse	lait froid	250 ml
2 c. à s.	miel liquide	30 ml
2 c. à s.	beurre d'arachide	30 ml

◄ Au mélangeur, à haute vitesse, réduire en une préparation lisse la crème glacée, le lait, le miel et le beurre d'arachide.

Environ 2 1/4 tasses (550 ml)
Préparation : 5 minutes

« Dinosaure » frappé

2	grosses boules de crème glacée à la vanille	2
1 tasse	lait froid	250 ml
1/4 tasse	jus de raisin concentré congelé	50 ml

◄ Au mélangeur, à haute vitesse, réduire en une préparation lisse la crème glacée, le lait et le jus de raisin.

Environ 2 1/4 tasses (550 ml)
Préparation : 5 minutes

Lait frappé au caramel et à la banane

1 tasse	lait froid	250 ml
½	banane mûre, de taille moyenne, pelée et coupée en morceaux	½
2	grosses boules de crème glacée à la vanille	2
2 c. à s.	sauce à coupe glacée au caramel *ou* au caramel au beurre	30 ml

◄ Au mélangeur, à haute vitesse, réduire en une préparation lisse le lait, la banane, la crème glacée et la sauce à coupe glacée.

Environ 3 tasses (750 ml)
Préparation : 5 minutes

Tornade aux pêches et aux abricots

1 tasse	lait froid	250 ml
½ tasse	pêches tranchées en conserve, égouttées	125 ml
¼ tasse	demi-abricots en conserve, égouttés	50 ml
2	grosses boules de crème glacée à la vanille	2
1	pincée de muscade moulue	1

◄ Au mélangeur, à haute vitesse, réduire en une préparation lisse le lait, les pêches, les abricots, la crème glacée et la muscade.

Environ 3 tasses (750 ml)
Préparation : 5 minutes

Frappé aux pommes

1 tasse	lait froid	250 ml
1¼ tasse	compote de pommes sucrée, froide	300 ml
2	grosses boules de crème glacée à la vanille	2
¼ c. à t.	extrait de vanille	1 ml
1	pincée de muscade moulue	1

◄ Au mélangeur, à haute vitesse, réduire en une préparation lisse le lait, la compote de pommes, la crème glacée, la vanille et la muscade.

Environ 3 tasses (750 ml)
Préparation : 5 minutes

Boisson glacée au melon d'eau

3 tasses	cubes de melon d'eau épépiné	750 ml
1½ tasse	lait froid	375 ml
1	grosse boule de crème glacée à la vanille	1
1½ c. à t.	jus de citron	7 ml

◄ Au mélangeur, à haute vitesse, réduire en une préparation lisse le melon d'eau, le lait, la crème glacée et le jus de citron.

Environ 4 tasses (1 litre)
Préparation : 5 minutes

Boisson glacée au melon d'eau (à gauche); Tornade aux pêches et aux abricots

Douceur aux framboises

¾ tasse	yogourt aux framboises	175 ml
¾ tasse	lait froid	175 ml
2 tasses	sorbet aux framboises	500 ml

◄ Au mélangeur, à haute vitesse, réduire en une préparation lisse le yogourt, le lait et le sorbet.

Environ 3½ tasses (875 ml)
Préparation : 5 minutes

Boisson au yogourt et au miel

1 tasse	lait froid	250 ml
½ tasse	yogourt à la vanille *ou* aux fruits	125 ml
1	œuf, bien frais	1
1 c. à s.	miel liquide	15 ml

◄ Au mélangeur, à haute vitesse, réduire en une préparation lisse le lait, le yogourt, l'œuf et le miel.

Environ 2 tasses (500 ml)
Préparation : 5 minutes

Délice à l'abricot

1 tasse	lait froid	250 ml
½ tasse	yogourt nature	125 ml
1	boîte de demi-abricots* de 14 oz (398 ml), égouttés	1
4	gros cubes de glace	4

◄ Au mélangeur, à haute vitesse, réduire en une préparation lisse le lait, le yogourt, les abricots et les cubes de glace.

* Vous pouvez remplacer les demi-abricots par d'autres fruits en conserve : pêches, ananas ou segments de mandarine.

Environ 3 tasses (750 ml)
Préparation : 5 minutes

Gâterie chaude à l'érable (à gauche); Lait chaud à l'arachide

Gâterie chaude à l'érable

4 tasses	lait	1 litre
½ tasse	sirop d'érable	125 ml
2	bâtons de cannelle	2
	cannelle moulue (facultatif)	

◄ Dans une grande casserole, à feu moyen, mélanger le lait avec le sirop d'érable et les bâtons de cannelle; remuer continuellement jusqu'à ce que la préparation soit chaude. Verser dans de grandes tasses et saupoudrer de cannelle, si désiré.

Environ 4 tasses (1 litre)
Préparation : 10 minutes

Chocolat chaud épicé

2 c. à s.	poudre de cacao pur	30 ml
4 c. à t.	sucre	20 ml
½ c. à t.	cannelle moulue	2 ml
3 tasses	lait	750 ml
	crème fouettée (facultatif)	

◄ Dans une grande casserole, mélanger la poudre de cacao avec le sucre et la cannelle. Ajouter juste assez de lait pour obtenir une pâte lisse, puis, en remuant sans cesse, ajouter le reste du lait. Sans cesser de remuer, faire cuire à feu moyen jusqu'à ce que le mélange soit chaud. Verser dans de grandes tasses et garnir de crème fouettée, si désiré.

Environ 3 tasses (750 ml)
Préparation : 10 minutes

Lait chaud à l'arachide

½ tasse	miel liquide	125 ml
⅓ tasse	beurre d'arachide crémeux	75 ml
4 tasses	lait	1 litre
	muscade moulue (facultatif)	

◄ Dans une grande casserole, mélanger le miel avec le beurre d'arachide. Incorporer le lait graduellement. Sans cesser de remuer, faire cuire à feu moyen jusqu'à ce que la préparation soit chaude. Verser dans de grandes tasses et saupoudrer de muscade, si désiré.

Environ 5 tasses (1,25 litre)
Préparation : 10 minutes

Lait choco-menthe

4 tasses	lait froid	1 litre
¾ tasse	sauce à coupe glacée au chocolat	175 ml
½ c. à t.	extrait de menthe	2 ml

◄ Au mélangeur, à haute vitesse, réduire en une préparation lisse le lait, la sauce à coupe glacée et l'extrait de menthe.

Environ 5 tasses (1,25 litre)
Préparation : 5 minutes

Boisson à l'orange et au chocolat

2 tasses	lait au chocolat froid	500 ml
2 c. à s.	jus d'orange concentré congelé	30 ml

◄ Au mélangeur, à haute vitesse, réduire en une préparation lisse le lait au chocolat et le jus d'orange.

Environ 2 tasses (500 ml)
Préparation : 5 minutes

Rafraîchissement des Caraïbes

1 tasse	lait froid	250 ml
½	banane mûre de taille moyenne, pelée et coupée en morceaux	½
¼ tasse	jus concentré congelé à l'orange, à la banane et à l'ananas	50 ml

◄ Au mélangeur, à haute vitesse, réduire en une préparation lisse le lait, la banane et le jus.

Environ 2 tasses (500 ml)
Préparation : 5 minutes

Lait frappé Rio

2 tasses	lait froid	500 ml
1	banane mûre de taille moyenne, pelée et coupée en morceaux	1
4	boules de crème glacée au café	4

◄ Au mélangeur, à haute vitesse, réduire en une préparation lisse le lait, la banane et la crème glacée.

Environ 4 tasses (1 litre)
Préparation : 5 minutes

Café crème givré

1 tasse	crème à fouetter froide	250 ml
¼ tasse	sucre à glacer	50 ml
1 tasse	café froid	250 ml
4	boules de crème glacée au café	4
	amandes effilées, grillées	

◄ Battre la crème jusqu'à ce qu'elle forme des pics mous. Ajouter le sucre à glacer et battre jusqu'à la formation de pics fermes. Verser le café dans les verres. Étaler la crème fouettée dessus, de sorte qu'elle touche le contour du verre. Garnir de crème glacée, parsemer d'amandes et servir.

Environ 5 tasses (1,25 litre)
Préparation : 10 minutes

Café au lait glacé

2 c. à t.	café instantané	10 ml
2 c. à s.	sucre	30 ml
¼ tasse	eau bouillante	50 ml
2 tasses	lait froid	500 ml

◄ Faire dissoudre le café et le sucre dans l'eau bouillante ; laisser refroidir complètement. Incorporer le lait.

Environ 2 tasses (500 ml)
Préparation : 15 minutes

Café crème givré (à gauche); Café au lait glacé

LES SOUPES
ET LES SAUCES

Soupe aux pois cassés

2 tasses	pois cassés jaunes	500 ml
6 tasses	eau	1,5 litre
2 tasses	jambon cuit haché	500 ml
1 tasse	carottes râpées	250 ml
¾ tasse	oignons hachés	175 ml
¼ tasse	beurre	50 ml
2 tasses	lait	500 ml
¼ c. à t.	poivre de Cayenne	1 ml
	sel et poivre	

◄ Mettre les pois cassés et l'eau dans une grande casserole. Porter à ébullition à feu moyen-vif; laisser bouillir 2 minutes. Retirer du feu, couvrir et laisser reposer 1 heure. (Ne pas changer l'eau.)

◄ Dans la casserole, ajouter le jambon, les carottes, les oignons et le beurre. Porter à ébullition à feu moyen-vif. Baisser le feu, couvrir et laisser mijoter 35 minutes, ou jusqu'à ce que les pois cassés soient tendres. Incorporer le lait et le poivre de Cayenne; saler et poivrer au goût. Faire réchauffer, au besoin, et servir.

8 portions
Préparation : 10 minutes
Repos : 1 heure
Cuisson : 35 minutes

─ CONSEILS ─

Vous pouvez remplacer les pois cassés jaunes par des pois cassés verts ou par des lentilles.

Cette soupe se garde jusqu'à deux mois, au congélateur.

Chaudrée de poisson au cheddar

6	tranches de bacon, hachées	6
½ tasse	*chacun* des ingrédients suivants : céleri tranché finement, oignon haché	125 ml
1	paquet de filets de poisson surgelés de 400 g, partiellement décongelés	1
2 tasses	pommes de terre crues, pelées et coupées en dés	500 ml
2	boîtes de bouillon de poulet de 10 oz (284 ml) *chacune*	2
¼ c. à t.	thym moulu	1 ml
1	feuille de laurier	1
½ tasse	beurre	125 ml
⅓ tasse	farine tout usage	75 ml
4 tasses	lait	1 litre
2 tasses	fromage cheddar canadien râpé*	500 ml

* Variez la saveur de cette soupe en remplaçant le cheddar par d'autres sortes de fromages canadiens : gouda, fontina, brick *ou* colby.

◄ Dans une grande casserole, faire cuire le bacon jusqu'à ce qu'il soit croustillant. L'égoutter avec une écumoire et le réserver. Dans la graisse de bacon, à feu moyen, faire cuire le céleri et l'oignon jusqu'à ce qu'ils soient tendres.

◄ Couper le poisson en morceaux de ½ po (1 cm). Les ajouter à la casserole avec les pommes de terre, le bouillon de poulet, le thym et le laurier. Porter à ébullition à feu moyen-vif. Baisser le feu, couvrir et laisser mijoter 10 minutes, ou jusqu'à ce que les pommes de terre soient tendres.

◄ Entre-temps, dans une casserole de taille moyenne, faire fondre le beurre. Ajouter la farine ; mélanger. Incorporer graduellement le lait. Faire cuire à feu moyen, en remuant sans cesse, jusqu'à ce que la préparation bouille et épaississe. Retirer du feu ; ajouter le cheddar et remuer jusqu'à ce qu'il soit fondu.

◄ Incorporer cette sauce à la préparation au poisson. Retirer la feuille de laurier ; saler et poivrer au goût. Garnir du bacon réservé et servir.

8 à 10 portions
Préparation : 10 minutes
Cuisson : 25 minutes

Soupe au chou-fleur et au cheddar

3 c. à s.	beurre	45 ml
2/3 tasse	oignon haché	150 ml
5 tasses	chou-fleur haché grossièrement	1,25 litre
2	boîtes de bouillon de poulet de 10 oz (284 ml) *chacune*	2
3 tasses	lait	750 ml
1/3 tasse	farine tout usage	75 ml
2 1/2 tasses	fromage cheddar canadien râpé*	625 ml
1/4 tasse	persil haché	50 ml
	sel et poivre	

* Variez la saveur de cette soupe en remplaçant le cheddar par d'autres sortes de fromages canadiens: fromage suisse, gouda, mozzarella *ou* colby.

◄ Dans une grande casserole, faire fondre le beurre à feu moyen. Y faire cuire l'oignon jusqu'à ce qu'il soit tendre. Incorporer le chou-fleur et le bouillon de poulet. Porter à ébullition à feu moyen-vif. Baisser le feu, couvrir et laisser mijoter 12 minutes, ou jusqu'à ce que le chou-fleur soit tendre.

◄ Dans un bol, incorporer graduellement le lait à la farine; remuer jusqu'à ce que le mélange soit lisse, puis l'ajouter à la casserole. Faire cuire à feu moyen, en remuant sans cesse, jusqu'à ce que la préparation bouille et épaississe. Retirer du feu; ajouter le cheddar et le persil et remuer jusqu'à ce que le fromage soit fondu. Saler et poivrer au goût; servir.

8 portions
Préparation : 10 minutes
Cuisson : 25 minutes

Potage au cheddar canadien

3 c. à s.	beurre	45 ml
¼ tasse	oignon haché finement	50 ml
¼ tasse	carotte râpée finement	50 ml
¼ tasse	farine tout usage	50 ml
1 c. à s.	mélange pour bouillon de poulet	15 ml
½ c. à t.	*chacun* des ingrédients suivants: paprika, moutarde en poudre	2 ml
4 tasses	lait	1 litre
2 tasses	fromage cheddar canadien râpé	500 ml
	paprika, au goût	

◄ Dans une casserole de taille moyenne, faire fondre le beurre à feu moyen. Y faire cuire l'oignon et la carotte jusqu'à ce qu'ils soient tendres.

◄ Ajouter la farine, le mélange pour bouillon de poulet, le paprika et la moutarde en poudre; bien remuer. Incorporer graduellement le lait. Faire cuire à feu moyen, en remuant sans cesse, jusqu'à ce que la préparation bouille et épaississe.

◄ Retirer du feu; ajouter le cheddar et remuer jusqu'à ce qu'il soit fondu. Parsemer chaque portion de paprika et servir.

4 portions
Préparation : 10 minutes
Cuisson : 10 minutes

Soupe double fromage: remplacer le cheddar par 1½ tasse (375 ml) de mozzarella canadien râpé grossièrement et ½ tasse (125 ml) de parmesan canadien râpé finement.

Soupe au gouda: remplacer le cheddar par du gouda canadien.

Au mélange de carotte et d'oignon, ajouter la farine, le mélange pour bouillon de poulet, le paprika et la moutarde en poudre.

Incorporer graduellement le lait.

Retirer du feu; ajouter le cheddar et remuer jusqu'à ce qu'il soit fondu.

Crème de carottes au fromage havarti

1/4 tasse	beurre	50 ml
1/2 tasse	oignon haché	125 ml
3 tasses	carottes tranchées finement	750 ml
3 tasses	eau	750 ml
1/4 tasse	riz à grains longs, non cuit	50 ml
1 c. à s.	mélange pour bouillon de poulet	15 ml
2 tasses	lait	500 ml
	sel et poivre	
	croûtons au beurre	
1 tasse	fromage havarti canadien râpé*	250 ml
	persil haché	

* Variez la saveur de cette soupe en remplaçant le fromage havarti par d'autres sortes de fromages canadiens : cheddar, colby, brick *ou* gouda.

◄ Dans une grande casserole, faire fondre le beurre à feu moyen. Y faire cuire l'oignon jusqu'à ce qu'il soit tendre. Ajouter les carottes, l'eau, le riz et le mélange pour bouillon de poulet. Porter à ébullition à feu moyen-vif. Baisser le feu, couvrir et laisser mijoter 20 minutes, ou jusqu'à ce que les carottes soient tendres et le riz, cuit.

◄ Au mélangeur, réduire la soupe en une crème lisse, puis la verser de nouveau dans la casserole. Incorporer le lait ; saler et poivrer au goût. Faire réchauffer, au besoin.

◄ Servir dans des bols à soupe ; garnir de croûtons au beurre, de havarti et de persil.

6 portions
Préparation : 10 minutes
Cuisson : 20 minutes

Croûtons au beurre : mélanger 1 1/2 tasse (375 ml) de cubes de pain avec 3 c. à s. (45 ml) de beurre fondu. Faire cuire au four préchauffé à 350 °F (180 °C) pendant 7 minutes. Retourner les cubes de pain et poursuivre la cuisson au four, 7 minutes. *Donne environ 1 1/2 tasse (375 ml).*

Sauce suprême au cheddar

2 c. à s.	beurre	30 ml
2 c. à s.	farine	30 ml
1 c. à t.	mélange pour bouillon de poulet	5 ml
1	pincée de moutarde en poudre	1
1½ tasse	lait	375 ml
1½ tasse	fromage cheddar canadien râpé	375 ml
	sel et poivre	

◄ Dans une casserole de taille moyenne, faire fondre le beurre à feu moyen. Ajouter la farine, le mélange pour bouillon de poulet et la moutarde en poudre; bien remuer. Incorporer graduellement le lait. Faire cuire à feu moyen, en remuant sans cesse, jusqu'à ce que le mélange bouille et épaississe. Retirer la casserole du feu.

◄ Ajouter le cheddar et remuer jusqu'à ce qu'il soit fondu. Saler et poivrer au goût. Servir avec des légumes ou de la viande.

Environ 2 tasses (500 ml)
Préparation : 5 minutes
Cuisson : 7 minutes

Sauce Mornay à la suisse: augmenter les quantités de beurre et de farine à 3 c. à s. (45 ml), augmenter la quantité de lait à 2 tasses (500 ml). Remplacer le cheddar par ½ tasse (125 ml) de fromage suisse canadien. Servir sur des poitrines de poulet, des œufs pochés ou des légumes de votre choix.

Sauce crémeuse aux champignons

2 c. à s.	beurre	30 ml
2 tasses	champignons frais, tranchés	500 ml
2 c. à s.	oignon haché finement	30 ml
2 c. à s.	farine	30 ml
1 c. à t.	mélange pour bouillon de poulet	5 ml
1½ tasse	lait	375 ml
	sel et poivre	

◄ Dans une casserole de taille moyenne, faire fondre le beurre à feu moyen. Y faire cuire les champignons et l'oignon jusqu'à ce qu'ils soient tendres et que tout le liquide se soit évaporé. Ajouter la farine et le mélange pour bouillon de poulet; bien remuer. Incorporer graduellement le lait. Faire cuire à feu moyen, en remuant sans cesse, jusqu'à ce que le mélange bouille et épaississe. Saler et poivrer au goût. Servir avec du pain de viande, des boulettes de viande ou des légumes de votre choix.

Environ 2¼ tasses (300 ml)
Préparation : 10 minutes
Cuisson : 10 minutes

Tzatziki rapide

1 tasse	yogourt nature	250 ml
1 tasse	concombre, pelé, épépiné, râpé, bien égoutté et asséché	250 ml
1	gousse d'ail, hachée	1
¼ c. à t.	sucre	1 ml
	sel et poivre	

◄ Dans un petit bol, mélanger le yogourt avec le concombre, l'ail et le sucre. Saler et poivrer au goût.

◄ Laisser reposer 1 heure pour permettre aux saveurs de bien se mêler. Servir avec des souvlakis ou des sandwiches au poulet grillé.

Environ 1¹/₃ tasse (325 ml)
Préparation : 10 minutes
Temps de repos : 1 heure

Variante : pour obtenir une sauce plus épaisse, tapissez d'une double couche de mousseline à fromage une passoire de 6 po (15 cm) de diamètre. Poser la passoire sur un bol. Y verser 2 tasses (500 ml) de yogourt nature ne contenant ni gélatine ni amidon. Couvrir et réfrigérer 24 heures. Jeter le petit-lait recueilli dans le bol. *Donne environ 1 tasse (250 ml).*

Faire cuire les oignons jusqu'à ce qu'ils soient tendres. Incorporer l'eau et le mélange pour bouillon de poulet.

Dans un bol, incorporer graduellement le lait à la farine; remuer jusqu'à ce que le mélange soit lisse. Le verser dans la casserole.

Retirer du feu; ajouter ¾ de tasse (175 ml) du fromage suisse et remuer jusqu'à ce que le fromage soit fondu.

Soupe à l'oignon à la suisse

¼ tasse	beurre	50 ml
3 tasses	oignons coupés en quartiers, puis tranchés finement	750 ml
1½ tasse	eau	375 ml
1½ c. à s.	mélange pour bouillon de poulet	25 ml
1¾ tasse	lait	425 ml
¼ tasse	farine tout usage	50 ml
1½ tasse	fromage suisse canadien râpé*, divisé	375 ml
	sel et poivre	
	croûtons au beurre (voir p. 38)	

* Variez la saveur de cette soupe en remplaçant le fromage suisse par d'autres sortes de fromages canadiens : cheddar, mozzarella *ou* provolone.

◄ Dans une grande casserole, faire fondre le beurre à feu moyen. Y faire cuire les oignons jusqu'à ce qu'ils soient tendres. Incorporer l'eau et le mélange pour bouillon de poulet. Porter à ébullition à feu moyen-vif. Baisser le feu, couvrir et laisser mijoter 15 minutes.

◄ Dans un bol, incorporer graduellement le lait à la farine ; remuer jusqu'à ce que le mélange soit lisse. Le verser dans la casserole et faire cuire à feu moyen, en remuant sans cesse, jusqu'à ce que la préparation bouille et épaississe. Retirer du feu ; ajouter ¾ de tasse (175 ml) du fromage suisse et remuer jusqu'à ce que le fromage soit fondu. Saler et poivrer au goût.

◄ Préchauffer le gril du four.

◄ Verser la soupe dans des bols allant au four ; parsemer de croûtons au beurre. Garnir du reste du fromage suisse et faire gratiner.

4 portions
Préparation : 10 minutes
Cuisson : 10 minutes

Crème de pommes de terre à la suisse

2 c. à s.	beurre	30 ml
¼ tasse	oignon haché	50 ml
2 tasses	pommes de terre crues, pelées et coupées en dés	500 ml
1	boîte de bouillon de poulet de 10 oz (284 ml)	1
1	pincée de marjolaine moulue	1
3 tasses	lait	750 ml
2 c. à s.	farine	30 ml
1 c. à s.	persil haché	15 ml
	sel et poivre	
1 tasse	fromage suisse canadien râpé*	250 ml

◄ Dans une grande casserole, faire fondre le beurre à feu moyen. Y faire cuire l'oignon jusqu'à ce qu'il soit tendre. Ajouter les pommes de terre, le bouillon de poulet et la marjolaine. Porter à ébullition à feu moyen-vif. Baisser le feu, couvrir et laisser mijoter 10 minutes, ou jusqu'à ce que les pommes de terre soient tendres.

◄ Dans un bol, incorporer graduellement le lait à la farine ; remuer jusqu'à ce que le mélange soit lisse. Le verser dans la casserole ; bien mélanger. Faire cuire à feu moyen, en remuant sans cesse, jusqu'à ce que la soupe bouille et épaississe. Incorporer le persil ; saler et poivrer au goût.

◄ Servir la soupe dans des bols, garnir de fromage suisse, remuer et servir.

4 portions
Préparation : 10 minutes
Cuisson : 20 minutes

* Variez la saveur de cette soupe en remplaçant le fromage suisse par d'autres sortes de fromages canadiens : cheddar, gouda, colby, brick *ou* havarti.

Crème de brie et de champignons frais

3 tasses	champignons frais, tranchés finement	750 ml
½ tasse	oignon haché	125 ml
1 c. à s.	mélange pour bouillon de poulet	15 ml
1 tasse	eau	250 ml
¼ tasse	beurre	50 ml
¼ tasse	farine tout usage	50 ml
1	pincée d'assaisonnement pour volaille	1
3 tasses	lait	750 ml
	sel et poivre	
4 oz	fromage brie canadien, tranché finement*	125 g

* Variez la saveur de cette soupe en remplaçant le brie par d'autres sortes de fromages canadiens, râpés : fromage suisse, mozzarella *ou* provolone.

◄ Dans une casserole de taille moyenne, mélanger les champignons avec l'oignon, le mélange pour bouillon de poulet et l'eau. Porter à ébullition à feu moyen-vif. Baisser le feu, couvrir et laisser mijoter 15 minutes.

◄ Dans une grande casserole, faire fondre le beurre. Y ajouter la farine et l'assaisonnement pour volaille ; bien mélanger. Incorporer graduellement le lait. Faire cuire à feu moyen, en remuant sans cesse, jusqu'à ce que la préparation bouille et épaississe. Incorporer le mélange aux champignons ; saler et poivrer au goût.

◄ Pour servir, répartir le brie entre quatre bols à soupe, couvrir de soupe chaude et remuer.

4 portions
Préparation : 15 minutes
Cuisson : 25 minutes

―CONSEILS―

Choisissez des champignons fermes et charnus, qui ne soient pas abîmés.

Vous pouvez les conserver jusqu'à cinq jours, au réfrigérateur, en les rangeant dans un sac de papier, sans les avoir nettoyés.

Les
SANDWICHES
et les SALADES

Salade tourbillon

8 tasses	feuilles de laitue déchiquetées	2 litres
1½ tasse	fromage havarti canadien coupé en dés*	375 ml
1½ tasse	poulet cuit, coupé en dés	375 ml
1 tasse	tomates épépinées, coupées en dés	250 ml
1 tasse	poivron vert, coupé en dés	250 ml
10	tranches de bacon bien cuites, émiettées	10
3	œufs durs, écalés et hachés	3
⅓ tasse	échalotes tranchées	75 ml

Vinaigrette piquante

6 c. à s.	vinaigre de vin blanc	90 ml
½ tasse	huile végétale	125 ml
1	pincée de poudre d'ail	1
	sel et poivre, au goût	

* Variez la saveur de ce plat en remplaçant le fromage havarti par d'autres sortes de fromages canadiens : farmer, brick *ou* colby.

◄ Mettre la laitue dans un grand saladier. Disposer dessus, en pointes, le fromage havarti, le poulet, les tomates, le poivron vert, le bacon et les œufs.

◄ Parsemer les échalotes au centre. Couvrir et réfrigérer jusqu'au moment de servir.

◄ Entre-temps, mettre tous les ingrédients de la vinaigrette dans un petit bocal muni d'un couvercle à pas de vis et bien agiter. Verser sur la salade et servir.

4 à 5 portions
Préparation : 15 minutes

Canapés aux fèves et au fromage colby

½ lb	bœuf haché maigre	250 g
1	boîte de fèves au lard de 14 oz (398 ml)	1
¼ tasse	sauce barbecue en bouteille	50 ml
4	pains à hamburger	4
3 tasses	fromage colby canadien râpé*, divisé	750 ml

* Variez la saveur de ce plat en remplaçant le colby par d'autres sortes de fromages canadiens : cheddar, brick, farmer *ou* Monterey Jack.

◄ Dans une grande poêle, faire cuire la viande à feu moyen ; jeter la graisse de cuisson. Ajouter les fèves et la sauce barbecue ; porter à ébullition à feu moyen-vif. Baisser le feu, laisser mijoter à découvert 5 minutes, ou jusqu'à ce que la préparation soit bien chaude.

◄ Diviser les pains en deux et les faire griller sous le gril préchauffé du four. Sortir les demi-pains du four et parsemer chacun d'eux de ¼ de tasse (50 ml) du fromage colby. Remettre au four et faire griller jusqu'à ce que le fromage soit fondu. Avec une cuillère, répartir la préparation aux fèves chaude entre les demi-pains. Garnir du reste du fromage colby et faire griller au four jusqu'à ce que le fromage soit fondu.

8 portions
Préparation : 20 minutes
Cuisson : 3 à 4 minutes

Variante : remplacez le bœuf par une autre viande hachée maigre : porc, poulet ou dinde. Il est aussi possible d'utiliser des pains à hot-dog.

Salade de chou à la suisse

3 tasses	chou vert râpé grossièrement	750 ml
1 tasse	chou rouge râpé grossièrement	250 ml
1 tasse	céleri tranché	250 ml
½	paquet de fromage suisse canadien tranché,* de 200 g	½
¼ tasse	échalotes hachées	50 ml
¼ tasse	persil haché	50 ml
½ tasse	mayonnaise *ou* sauce à salade	125 ml
½ tasse	crème sure	125 ml
	sel et poivre	

◄ Dans un grand saladier, mélanger le chou vert avec le chou rouge, le céleri, le fromage suisse, les échalotes et le persil.

◄ Dans un petit bol, mélanger la mayonnaise avec la crème sure. Verser sur la préparation au chou; bien remuer. Saler et poivrer au goût. Réfrigérer 1 heure pour permettre aux saveurs de bien se mêler.

6 portions
Préparation : 15 minutes
Réfrigération : 1 heure

⸺ CONSEIL ⸺

Pour râper le chou facilement, coupez d'abord le chou en quartiers et retirez le cœur. À l'aide d'un couteau bien aiguisé, coupez chaque quartier en travers, pour obtenir de fines lanières.

* Variez la saveur de ce plat en remplaçant le fromage suisse par d'autres sortes de fromages canadiens: mozzarella *ou* havarti canadien.

Salade de pâtes à la grecque

¼ tasse	huile végétale	50 ml
1½ c. à s.	jus de citron	25 ml
2 c. à t.	feuilles d'origan frais	10 ml
1	gousse d'ail, hachée	1
1½ tasse	penne, cuites et égouttées	375 ml
1 tasse	fromage feta canadien émietté*	250 ml
1 tasse	tomates épépinées et coupées en dés	250 ml
1 tasse	concombre épépiné et coupé en dés	250 ml
½ tasse	olives noires dénoyautées et tranchées	125 ml
½ tasse	poivron vert tranché	125 ml
2 c. à s.	persil haché	30 ml
2 c. à s.	échalotes hachées	30 ml
	sel et poivre	

* Variez la saveur de ce plat en remplaçant la feta par d'autres sortes de fromages canadiens : brick *ou* havarti canadien.

◄ Pour préparer la vinaigrette, au mélangeur, à haute vitesse, réduire en un mélange crémeux l'huile, le jus de citron, l'origan et l'ail.

◄ Dans un grand saladier, mélanger les pâtes avec la feta, les tomates, le concombre, les olives, le poivron vert, le persil et les échalotes. Arroser de vinaigrette; bien remuer. Saler et poivrer au goût. Réfrigérer au moins une heure avant de servir, pour permettre aux saveurs de bien se mêler.

4 portions en plat principal ou
8 portions en plat d'accompagnement
Préparation : 15 minutes
Réfrigération : 1 heure

Variante : remplacez les penne par une autre sorte de pâtes : rotini, farfalle ou macaronis coupés, et l'origan frais par 1 c. à t. (5 ml) d'origan séché.

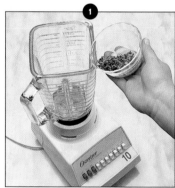

1 Au mélangeur, à haute vitesse, réduire en un mélange crémeux l'huile, le jus de citron, l'origan et l'ail.

2 Dans un grand saladier, mélanger les pâtes avec la feta, les tomates, le concombre, les olives, le poivron vert, le persil et les échalotes.

3 Arroser de vinaigrette ; bien remuer. Saler et poivrer au goût.

Pitas du jardin

1½ tasse	fromage cottage*	375 ml
½ tasse	concombre épépiné, coupé en dés	125 ml
½ tasse	carotte coupée en dés *ou* râpée	125 ml
¼ tasse	mayonnaise *ou* sauce à salade	50 ml
2 c. à s.	échalotes hachées finement	30 ml
1 c. à s.	vinaigre	15 ml
½ c. à t.	feuilles d'aneth séchées	2 ml
	sel et poivre	
2	pains pitas coupés en deux	2
	feuilles de laitue	

◄ Dans un bol de taille moyenne, mélanger le cottage avec le concombre, la carotte, la mayonnaise, les échalotes, le vinaigre et l'aneth ; remuer délicatement. Saler et poivrer au goût.

◄ Ouvrir partiellement chaque moitié de pita. Les tapisser de laitue et les farcir de la préparation au cottage.

2 portions
Préparation : 15 minutes

* Variez la saveur de ce plat en remplaçant le fromage cottage par du fromage ricotta canadien.

Pitas à la salade aux œufs

6	œufs durs, écalés et hachés	6
½ tasse	mayonnaise *ou* sauce à salade	125 ml
⅓ tasse	céleri haché finement	75 ml
2 c. à s.	échalotes hachées finement	30 ml
1½ tasse	fromage cheddar canadien râpé*	375 ml
	sel et poivre	
4	pains pitas coupés en deux	4
	luzerne	

◄ Dans un bol de taille moyenne, mélanger les œufs avec la mayonnaise, le céleri et les échalotes. Incorporer le cheddar. Saler et poivrer au goût.

◄ Ouvrir partiellement chaque moitié de pita. Les tapisser de luzerne et les farcir de la préparation aux œufs.

4 portions
Préparation : 15 minutes

* Variez la saveur de ce plat en remplaçant le cheddar par d'autres sortes de fromages canadiens : colby *ou* gouda.

Bols de salade taco

1 lb	bœuf haché maigre	500 g
1	sachet d'assaisonnement pour tacos (environ 35 g)	1
6 tasses	laitue iceberg en chiffonnade	1,5 litre
1	petit poivron vert, coupé en dés	1
¼ tasse	échalotes tranchées	50 ml
2 tasses	fromage colby canadien coupé en dés*	500 ml
2	tomates de taille moyenne, épépinées et coupées en dés	2
½	concombre de taille moyenne, épépiné et coupé en dés	½
	vinaigrette en bouteille, de type ranch	

* Variez la saveur de ce plat en remplaçant le colby par d'autres sortes de fromages canadiens: farmer, brick, havarti *ou* gouda.

◄ Dans un grand poêlon, faire cuire le bœuf à feu moyen; jeter la graisse de cuisson. Saupoudrer l'assaisonnement pour tacos sur le bœuf. Mouiller avec ¾ de tasse (175 ml) d'eau, puis bien mélanger. Faire cuire à feu moyen, en remuant sans cesse, jusqu'à l'ébullition. Retirer du feu; laisser refroidir.

◄ Juste avant de servir, mélanger la laitue avec le poivron vert et les échalotes. Répartir entre les bols à salade. Garnir de rangées de préparation à la viande, de colby, de tomates et de concombre. Servir avec la vinaigrette de type ranch.

4 à 6 portions
Préparation : 15 minutes
Cuisson : 10 minutes

Variante : cette salade se sert très bien dans des bols à salade taco comestibles. Pour les préparer, badigeonnez légèrement de beurre un côté d'une tortilla. Dans des bols à mélanger allant au four, déposez une tortilla, le côté beurré en dessous; plissez légèrement le bord. Faites cuire dans un four préchauffé à 350°F (180°C) pendant 15 minutes. Sortez du four, retirez les coquilles des bols et laissez-les refroidir complètement.

Croque-bacon, laitue, tomates

1 c. à s.	beurre	15 ml
1 c. à s.	farine	15 ml
¼ c. à t.	sauce Worcestershire	1 ml
¾ tasse	lait	175 ml
1 tasse	fromage cheddar canadien râpé*	250 ml
	sel et poivre	
6	tranches de pain baguette beurrées, et rôties, si désiré	6
	feuilles de laitue	
12	tranches de tomates	12
12	tranches de bacon, cuites	12

◄ Dans une petite casserole, faire fondre le beurre. Y ajouter la farine et la sauce Worcestershire ; bien mélanger. Incorporer graduellement le lait. Faire cuire à feu moyen, en remuant sans cesse, jusqu'à ce que le mélange bouille et épaississe. Retirer du feu.

◄ Ajouter le cheddar et remuer jusqu'à ce que le fromage soit fondu. Saler et poivrer au goût.

◄ Garnir chaque tranche de pain de laitue, de deux tranches de tomate, de deux tranches de bacon et de sauce au fromage.

6 portions
Préparation : 10 minutes
Cuisson : 10 minutes

* Variez la saveur de ce plat en remplaçant le cheddar par d'autres sortes de fromages canadiens : colby *ou* gouda.

— CONSEIL —

Remplacez le pain baguette par des muffins anglais coupés en deux, rôtis et beurrés.

Beurrer un côté des tortillas.

Couvrir les tortillas de tranches de brick et de colby.

Garnir les quesadillas chaudes de la salsa aux tomates fraîches.

Quesadillas mexicaines

	beurre	
8	tortillas de farine	8
8 oz	fromage brick canadien, tranché finement*	250 g
8 oz	fromage colby canadien, tranché finement*	250 g

Salsa aux tomates fraîches

1	grosse tomate fraîche, coupée en dés	1
1	petit oignon blanc *ou* rouge, coupé en dés	1
1	piment jalapeño, épépiné et coupé en dés	1
2 à 3 c. à s.	coriandre fraîche, hachée	30 à 45 ml
1 c. à s.	jus de lime fraîchement pressé	15 ml
	sel et poivre, au goût	

* Variez la saveur de ce plat en remplaçant le brick et le colby par d'autres sortes de fromages canadiens : havarti au jalapeño, Monterey Jack *ou* mozzarella.

◄ Préchauffer le four à 400 °F (200 °C).

◄ Beurrer un côté des tortillas. Les déposer sur des plaques à biscuits non graissées, le côté beurré vers le haut. Faire cuire au four 5 minutes ; sortir du four.

◄ Couvrir les tortillas de tranches de brick et de colby. Les remettre au four 5 minutes, ou jusqu'à ce que les fromages soient fondus. Sortir du four.

◄ Entre-temps, dans un bol de taille moyenne, bien mélanger tous les ingrédients de la salsa aux tomates fraîches. Garnir les quesadillas chaudes de salsa et servir.

8 portions
Préparation : 10 minutes
Cuisson : 10 minutes

—CONSEIL—

Si vous êtes pressé, vous pouvez remplacer la salsa aux tomates fraîches par une salsa préparée douce, moyenne ou forte.

Sandwiches à l'entrecôte et au fromage

3 c. à s.	beurre	45 ml
2 c. à s.	farine	30 ml
¾ tasse	lait	175 ml
1 tasse	fromage cheddar canadien râpé*	250 ml
1	gros oignon, tranché finement	1
1	gros poivron vert, tranché finement	1
1 lb	entrecôte minute, détaillée en fines lanières	500 g
	sel et poivre	
4	petits pains ronds croustillants	4

* Variez la saveur de ce plat en remplaçant le cheddar par d'autres sortes de fromages canadiens : colby, brick, farmer *ou* gouda.

◄ Dans une casserole de taille moyenne, faire fondre 2 c. à s. (30 ml) de beurre. Ajouter la farine ; bien mélanger. Incorporer graduellement le lait. Faire cuire à feu moyen, en remuant sans cesse, jusqu'à ce que le mélange bouille et épaississe. Retirer du feu ; ajouter le fromage cheddar et remuer jusqu'à ce qu'il soit fondu. Couvrir et garder au chaud.

◄ Dans une grande poêle, faire chauffer le reste du beurre. Y faire sauter l'oignon et le poivron vert, jusqu'à ce qu'ils soient tendres ; les retirer avec une écumoire et les garder au chaud. Ajouter du beurre dans la poêle, au besoin. Y faire sauter la viande jusqu'au degré de cuisson désiré. Incorporer les légumes réservés et faire réchauffer. Saler et poivrer au goût.

◄ Fendre les petits pains en deux. Avec une cuillère, répartir la préparation à la viande et aux légumes sur la moitié inférieure des petits pains. Garnir chaque portion d'environ ¼ de tasse (50 ml) de sauce au fromage. Couvrir de l'autre moitié du petit pain.

4 portions
Préparation : 10 minutes
Cuisson : 20 minutes

Salade de pommes au fromage

1 tasse	crème sure	250 ml
¼ tasse	miel liquide	50 ml
2 c. à t.	jus de citron	10 ml
4 tasses	pommes rouges, évidées, coupées en dés	1 litre
1¼ tasse	fromage colby canadien coupé en dés*	300 ml
1 tasse	céleri tranché	250 ml
½ tasse	noix de Grenoble en morceaux	125 ml
	feuilles de laitue	

* Variez la saveur de ce plat en remplaçant le colby par d'autres sortes de fromages canadiens : cheddar, havarti, brick *ou* farmer.

◄ Dans un petit bol, mélanger la crème sure avec le miel et le jus de citron. Réfrigérer la vinaigrette au moins une heure pour permettre aux saveurs de bien se mêler.

◄ Juste avant de servir, dans un grand bol, mélanger les pommes avec le colby, le céleri et les noix de Grenoble. Arroser de vinaigrette ; remuer légèrement. Pour servir, déposer la salade dans des bols tapissés de feuilles de laitue.

6 portions
Préparation : 10 minutes
Réfrigération : 1 heure

—CONSEIL—

Arrosez de jus de citron les pommes coupées en dés, pour éviter qu'elles ne brunissent.

LES ŒUFS

Tarte aux épinards et à la ricotta

8	tranches de bacon, hachées	8
2 tasses	champignons frais hachés	500 ml
1/3 tasse	oignon haché finement	75 ml
1	paquet d'épinards hachés surgelés de 300 g, décongelés et bien égouttés	1
1	contenant de fromage ricotta canadien de 475 g	1
1 tasse	fromage suisse canadien râpé*	250 ml
1/2 tasse	fromage parmesan canadien râpé	125 ml
1 c. à t.	origan séché	5 ml
1/4 c. à t.	sel	1 ml
1	œuf	1
	pâte à tarte pour 2 abaisses de 9 po (23 cm) de diamètre	
1	boîte de sauce à pizza de 7 1/2 oz (213 ml), chaude	1

* Variez la saveur de ce plat en remplaçant le fromage suisse par d'autres sortes de fromages canadiens : mozzarella, provolone *ou* fontina.

◄ Préchauffer le four à 425 °F (220 °C).

◄ Dans une grande poêle, faire revenir le bacon jusqu'à ce qu'il soit croustillant. Réserver 1 c. à s. (15 ml) de la graisse de cuisson et y faire cuire les champignons et l'oignon à feu moyen, jusqu'à ce qu'ils soient tendres et que le liquide se soit évaporé.

◄ Dans un grand bol, bien mélanger les épinards, la ricotta, le fromage suisse et le parmesan avec la préparation au bacon et aux champignons, l'origan, le sel et l'œuf.

◄ Sur une surface légèrement farinée, abaisser les deux tiers de la pâte afin d'en foncer un moule à tarte de 9 po (23 cm) de diamètre. Couper l'excédent de pâte à 1/2 po (1 cm) du bord. Avec une cuillère, répartir la garniture sur la pâte. Abaisser le reste de la pâte et en couvrir la tarte. Presser et canneler le tour de l'abaisse. Pratiquer des entailles sur le dessus de la tarte pour permettre à la vapeur de s'échapper.

◄ Faire cuire au four 25 minutes, ou jusqu'à ce que la tarte soit cuite et dorée. Laisser reposer 10 minutes. Couper en pointes et servir avec la sauce à pizza chaude.

6 portions
Préparation : 15 minutes
Cuisson : 25 minutes

Pain au cheddar au four

8	tranches de pain rassis	8
	beurre ramolli	
2 tasses	fromage cheddar canadien râpé*	500 ml
5	œufs	5
3 tasses	lait	750 ml
½ c. à t.	sel	2 ml
¼ c. à t.	poivre noir moulu	1 ml

* Variez la saveur de ce plat en remplaçant le cheddar par d'autres sortes de fromages canadiens : colby, oka *ou* fromage suisse.

◄ Préchauffer le four à 350 °F (180 °C).

◄ Écroûter les tranches de pain, puis les beurrer légèrement. Disposer 4 tranches de pain au fond d'un plat carré de 9 po (23 cm) de côté, allant au four et graissé. Répartir 1 tasse (250 ml) de cheddar sur le pain. Répéter ces deux couches.

◄ Dans un bol de taille moyenne, bien battre les œufs. Incorporer le lait, le sel et le poivre. Verser sur le pain et le fromage. Faire cuire au four 35 minutes, ou jusqu'à ce que la lame d'un couteau insérée au centre en ressorte propre.

6 portions
Préparation : 10 minutes
Cuisson : 35 minutes

─ CONSEILS ─

Cette recette est parfaite pour utiliser un reste de pain, qu'il s'agisse de pain de blé entier, de seigle ou aux œufs.

Pour un repas complet, garnissez chaque portion de légumes coupés en dés et sautés.

Omelette au fromage

2	œufs	2
2 c. à s.	eau	30 ml
1	pincée de basilic séché	1
1	pincée de ciboulette séchée	1
1 c. à t.	beurre	5 ml
½ tasse	fromage cheddar canadien râpé	125 ml

◄ Dans un petit bol, battre légèrement les œufs. Incorporer l'eau, le basilic et la ciboulette.

◄ Dans une poêle à revêtement antiadhésif de 8 po (20 cm) de diamètre, faire fondre le beurre jusqu'à ce qu'il grésille. Y verser la préparation aux œufs et remuer délicatement. Faire cuire à feu doux. À l'aide d'une spatule, repousser la partie cuite vers le centre de la poêle tout en inclinant la poêle et en lui imprimant un mouvement circulaire afin de permettre à la partie non cuite de s'étaler dans les espaces vides.

◄ Garnir la moitié de l'omelette du fromage cheddar. Glisser la spatule sous la partie non garnie et la rabattre sur la partie garnie. Servir immédiatement.

1 portion
Préparation : 5 minutes
Cuisson : environ 8 minutes

Omelette au jambon et au fromage suisse : remplacez le cheddar par du fromage suisse canadien et parsemez l'omelette de ¼ de tasse (50 ml) de jambon cuit haché avant de la replier.

Omelette aux champignons et au brie : remplacez le cheddar par du brie *ou* par du camembert finement tranché, et parsemez l'omelette de champignons sautés avant de la replier.

Quiche

1	croûte à tarte de 9 po (23 cm) de diamètre, profonde et surgelée	1
1½ tasse	fromage suisse canadien râpé*	375 ml
1	boîte de saumon** de 7½ oz (213 g), égoutté et émietté	1
1 c. à s.	*chacun* des ingrédients suivants, hachés finement: oignon, céleri, persil	15 ml
1 c. à s.	farine	15 ml
½ c. à t.	sel	2 ml
3	œufs, battus	3
1 tasse	crème légère *ou* crème de table	250 ml
1 c. à s.	fromage parmesan canadien râpé	15 ml

* Variez la saveur de ce plat en remplaçant le fromage suisse par d'autres sortes de fromages canadiens: cheddar, colby, farmer, brick *ou* gouda.

◄ Préchauffer le four à 375 °F (190 °C).

◄ Déposer la croûte à tarte sur une plaque à biscuits; laisser décongeler 10 minutes.

◄ Dans un bol de taille moyenne, mélanger le fromage suisse, le saumon, l'oignon, le céleri, le persil, la farine et le sel. Avec une cuillère, garnir de ce mélange la croûte à tarte non cuite.

◄ Dans un bol, mélanger les œufs avec la crème; verser sur la préparation au fromage suisse. Parsemer de parmesan.

◄ Faire cuire au four 35 minutes, ou jusqu'à ce que la lame d'un couteau insérée au centre de la quiche en ressorte propre.

** Vous pouvez aussi remplacer le saumon par 1 boîte de 6½ oz (184 g) de thon, de jambon *ou* de poulet émietté.

6 portions
Préparation: 15 minutes
Cuisson: 35 minutes

Frittata au bacon, aux champignons et au fromage suisse

8	tranches de bacon, hachées	8
3 tasses	champignons frais tranchés	750 ml
1/3 tasse	échalotes tranchées	75 ml
1 c. à s.	farine	15 ml
1/2 c. à t.	sel	2 ml
6	œufs	6
3/4 tasse	lait	175 ml
2 tasses	fromage suisse canadien râpé*, divisé	500 ml
1 c. à s.	fromage parmesan canadien râpé	15 ml

* Variez la saveur de ce plat en remplaçant le fromage suisse par d'autres sortes de fromages canadiens: havarti, colby *ou* cheddar.

◄ Dans une grande poêle à revêtement anti-adhésif, faire revenir le bacon jusqu'à ce qu'il soit croustillant. L'égoutter et le réserver. Dans la poêle, réserver 1 c. à s. (15 ml) de graisse de cuisson. Y faire cuire les champignons et les échalotes à feu moyen, jusqu'à ce qu'ils soient tendres et que le liquide se soit évaporé. Incorporer la farine et le sel.

◄ Dans un grand bol, battre légèrement les œufs. Incorporer le lait, puis ajouter les légumes cuits et 1 1/2 tasse (375 ml) de fromage suisse. Verser dans la poêle, couvrir et faire cuire à feu doux 20 minutes, ou jusqu'à ce que la frittata soit prise.

◄ Retirer le couvercle. Parsemer du reste du fromage suisse, du parmesan et du bacon réservé. Mettre sous le gril préchauffé du four, jusqu'à ce que le fromage soit fondu.

4 portions
Préparation : 15 minutes
Cuisson : 20 minutes

— CONSEIL —

Si la poignée de la poêle n'est pas à l'épreuve de la chaleur, enveloppez-la dans du papier d'aluminium pour la protéger de la chaleur du gril.

Faire revenir le bacon jusqu'à ce qu'il soit croustillant.

Dans la graisse de cuisson, faire cuire les échalotes et les champignons jusqu'à ce qu'ils soient tendres.

Incorporer la farine et le sel.

Dans un grand bol, battre légèrement les œufs et incorporer le lait.

Ajouter les légumes cuits et une partie du fromage suisse.

Verser dans la poêle, couvrir et faire cuire à feu doux jusqu'à ce que la frittata soit prise.

Délice sur petits pains

6	œufs	6
¼ tasse	lait	50 ml
1 c. à s.	échalote hachée finement	15 ml
¼ c. à t.	sel assaisonné	1 ml
3 c. à s.	beurre	45 ml
8	tranches de bacon, cuites	8
4	muffins anglais, coupés en deux, rôtis et beurrés	4
8	tranches de tomate	8
8	tranches de fromage cheddar canadien fondu*	8

* Variez la saveur de ce plat en remplaçant le cheddar par d'autres sortes de fromages canadiens, tranchés : colby, brick *ou* mozzarella.

◄ Dans un bol de taille moyenne, battre légèrement les œufs. Incorporer le lait, l'échalote et le sel assaisonné.

◄ Dans une grande poêle, faire fondre le beurre. Y verser la préparation aux œufs et faire cuire à feu doux, en remuant sans cesse, jusqu'à ce que les œufs aient atteint le degré de cuisson désiré.

◄ Garnir chaque demi-muffin de 1 tranche de bacon et de 1 tranche de tomate, puis y répartir la préparation aux œufs. Couper les tranches de fromage cheddar en diagonale et les disposer sur la préparation aux œufs. Mettre sous le gril préchauffé du four jusqu'à ce que le fromage soit fondu.

4 portions
Préparation : 5 minutes
Cuisson : 10 minutes

Variante : préparez ce petit déjeuner avec des croquettes de saucisse cuites *ou* du jambon cuit, coupé en fines tranches.

Œufs brouillés crémeux

8	œufs	8
1	paquet de fromage à la crème de 125 g, coupé en cubes*	1
¼ tasse	lait	50 ml
1	échalote, tranchée	1
½ c. à t.	sel	2 ml
1	pincée de poivre noir moulu	1
¼ tasse	beurre	50 ml

* Variez la saveur de ce plat en remplaçant le fromage à la crème par d'autres sortes de fromages canadiens, coupés en cubes : cheddar, havarti *ou* gouda.

◄ Au mélangeur, à haute vitesse, réduire en une préparation lisse les œufs et le fromage à la crème. Ajouter le lait, l'échalote, le sel et le poivre. Mélanger 5 secondes, ou jusqu'à ce que l'échalote soit grossièrement hachée.

◄ Dans une grande poêle, faire fondre le beurre. Y verser la préparation aux œufs ; faire cuire à feu doux, en remuant sans cesse, jusqu'à ce que les œufs commencent à prendre. Servir immédiatement.

4 à 5 portions
Préparation : 5 minutes
Cuisson : environ 7 minutes

— CONSEIL —

Il faut toujours réfrigérer les œufs pour qu'ils conservent leur fraîcheur. La température de la porte du réfrigérateur n'étant pas constante, il est donc préférable de garder les œufs sur une tablette, à l'intérieur du réfrigérateur. Conservez-les dans leur emballage pour éviter la perte d'humidité et l'absorption des odeurs.

Pain doré aux bananes

2 tasses	lait	500 ml
4	œufs	4
1	banane mûre de taille moyenne, pelée et tranchée	1
2 c. à s.	miel liquide	30 ml
¼ tasse	jus d'orange concentré congelé, décongelé	50 ml
12	tranches de pain de blé entier rassis	12
	beurre	
	tranches de banane	
	sirop d'érable	

◄ Au mélangeur, à haute vitesse, réduire en une préparation lisse le lait, les œufs, la banane, le miel et le jus concentré. Déposer les tranches de pain dans un grand plat, puis les arroser de la préparation liquide. Couvrir et réfrigérer au moins 3 heures ou, de préférence, toute la nuit.

◄ Dans une grande poêle ou dans un poêlon électrique, à feu moyen, faire fondre un peu de beurre. Y faire dorer les tranches de pain des deux côtés; ajouter du beurre au besoin. Servir avec les tranches de banane et le sirop d'érable.

6 portions
Préparation : 5 minutes
Repos : 3 heures ou toute la nuit
Cuisson : 20 minutes

Omelette au cheddar et à la tomate, cuite au four

8	tranches de bacon, hachées	8
1/4 tasse	échalotes tranchées	50 ml
3/4 tasse	tomates épépinées, coupées en dés	175 ml
1 c. à s.	farine	15 ml
1/2 c. à t.	sel	2 ml
6	œufs	6
1 tasse	lait	250 ml
1 1/4 tasse	fromage cheddar canadien râpé, divisé	300 ml
1 c. à s.	fromage parmesan canadien râpé	15 ml

◄ Préchauffer le four à 350 °F (180 °C).

◄ Dans une grande poêle à revêtement anti-adhésif, faire revenir le bacon jusqu'à ce qu'il soit croustillant. L'égoutter et le réserver. Dans la poêle, réserver 1 c. à s. (15 ml) de graisse de cuisson. Y faire cuire les échalotes jusqu'à ce qu'elles soient tendres; ajouter les tomates. Saupoudrer de farine et de sel; remuer délicatement pour bien mélanger.

◄ Dans un grand bol, battre légèrement les œufs. Incorporer le lait, puis ajouter la préparation aux légumes, 1 tasse (250 ml) de cheddar et le bacon cuit. Verser dans un moule graissé d'une contenance de 2 litres, de forme rectangulaire et peu profond. Parsemer de parmesan.

◄ Faire cuire au four 25 minutes. Sortir du four et parsemer l'omelette du reste de cheddar. Laisser reposer 5 minutes avant de servir.

4 portions
Préparation : 15 minutes
Cuisson : 25 minutes

Omelette au jambon et au fromage, cuite au four : remplacez le bacon par 1/4 lb (125 g) de jambon cuit, coupé en fines lanières, la graisse de bacon par 1 c. à s. (15 ml) de beurre et le cheddar, par du fromage suisse canadien *ou* par du gouda canadien.

Les LÉGUMES

Courgettes farcies aux champignons

3	courgettes de taille moyenne	3
¼ tasse	beurre	50 ml
1 tasse	champignons frais hachés	250 ml
3 c. à s.	oignon haché	45 ml
1	gousse d'ail, hachée	1
1	œuf, battu	1
1	pincée de marjolaine moulue	1
⅔ tasse	fromage cheddar canadien râpé*, divisé	150 ml
	sel et poivre	
¼ tasse	chapelure	50 ml
1 c. à s.	beurre, fondu	15 ml

* Variez la saveur de ce plat en remplaçant le cheddar par d'autres sortes de fromages canadiens: mozzarella *ou* provolone.

◄ Préchauffer le four à 350 °F (180 °C).

◄ Dans une grande casserole remplie d'eau bouillante, faire cuire les courgettes 5 minutes. Les égoutter, puis les couper en deux, dans le sens de la longueur. Les évider avec une cuillère, puis hacher la chair. Réserver les demi-courgettes évidées.

◄ Dans un poêlon de taille moyenne, faire fondre ¼ de tasse (50 ml) de beurre. À feu moyen-vif, y faire sauter les champignons, l'oignon et l'ail jusqu'à ce qu'ils soient tendres et que le liquide se soit évaporé. Baisser le feu à doux, ajouter la chair des courgettes et faire cuire 5 minutes, en remuant sans cesse. Retirer du feu; laisser refroidir légèrement. Incorporer l'œuf, la marjolaine et la moitié du cheddar; saler et poivrer au goût.

◄ Déposer les demi-courgettes évidées dans un plat peu profond allant au four. Les garnir de la préparation aux champignons et aux courgettes.

◄ Mélanger la chapelure avec 1 c. à s. (15 ml) de beurre fondu; en parsemer les courgettes farcies. Parsemer du reste du cheddar. Faire cuire au four 30 minutes, ou jusqu'à ce que les courgettes soient bien chaudes.

6 portions
Préparation : 15 minutes
Cuisson : 30 minutes

Purée de pommes de terre au fromage

6	pommes de terre de table, pelées et coupées en quartiers	6
½ tasse	lait chaud	125 ml
¼ tasse	beurre, ramolli	50 ml
1 tasse	fromage cheddar canadien râpé*	250 ml
	sel et poivre	

* Variez la saveur de ce plat en remplaçant le cheddar par d'autres sortes de fromages canadiens: bleu émietté *ou* brie haché.

◄ Dans une grande casserole remplie d'eau bouillante salée, faire cuire les pommes de terre 20 minutes, ou jusqu'à ce qu'elles soient tendres; les égoutter.

◄ Réduire les pommes de terre en purée; incorporer le lait et le beurre. Ajouter le cheddar; bien remuer. Saler et poivrer au goût; servir immédiatement.

4 à 5 portions
Préparation: 5 minutes
Cuisson: 20 minutes

─ **CONSEIL** ─

Pour éviter les grumeaux dans la purée de pommes de terre, utilisez un presse-purée. Pour obtenir une purée lisse et crémeuse, battez les pommes de terre au fouet ou au batteur électrique. Évitez d'utiliser un mélangeur ou un robot culinaire, car la purée sera gluante.

Pommes de terre farcies au cheddar

4	pommes de terre cuites au four, chaudes	4
1	boîte de crème de poulet de 10 oz (284 ml)	1
½ tasse	lait	125 ml
2 tasses	fromage cheddar canadien râpé	500 ml
1 tasse	brocoli cuit, haché	250 ml
1 tasse	poulet cuit, haché *ou* dinde	250 ml
	sel et poivre	
	fromage cheddar canadien râpé, additionnel	

◄ Préchauffer le four à 350 °F (180 °C).

◄ Couper les pommes de terre en deux dans le sens de la longueur. Avec une cuillère, les évider pour obtenir une coquille de ¼ po (5 mm) d'épaisseur.

◄ Dans une petite casserole, mélanger la crème de poulet avec le lait ; ajouter le fromage cheddar. Faire cuire à feu doux, en remuant sans cesse, jusqu'à ce que le fromage soit fondu ; garder au chaud.

◄ Écraser grossièrement la chair des pommes de terre ; y ajouter le brocoli et le poulet. Incorporer 1 tasse (250 ml) de sauce au fromage. Saler et poivrer au goût.

◄ Remplir de la préparation les coquilles de pommes de terre. Couvrir et faire cuire au four 15 minutes, ou jusqu'à ce que les pommes de terre soient bien chaudes. Répartir le reste de la sauce au fromage entre les portions ; parsemer de cheddar.

4 portions
Préparation : 20 minutes
Cuisson : 15 minutes

Pommes de terre farcies au fromage suisse : préparer les pommes de terre tel qu'indiqué ci-dessus. Pour la sauce, remplacer la crème de poulet par de la crème de champignons, le cheddar par du fromage suisse et le poulet, par du jambon cuit, haché.

─ CONSEIL ─

Pour faire cuire les pommes de terre rapidement au micro-ondes, lavez-les à la brosse, piquez-les à plusieurs endroits avec une fourchette et disposez-les en cercle, dans une assiette allant au micro-ondes. Faites-les cuire sans les couvrir, à intensité MAXIMUM, 10 à 15 minutes ; retournez-les une fois pendant la cuisson. Sortez-les du micro-ondes, couvrez-les et laissez-les reposer 10 minutes avant de les évider.

Légumes gratinés

¼ tasse	beurre	50 ml
2	oignons de taille moyenne, tranchés	2
2	gousses d'ail, hachées	2
3 tasses	*chacun* des ingrédients suivants : aubergines et courgettes coupées en cubes	750 ml
2 tasses	champignons frais coupés en quatre	500 ml
1	gros poivron vert, coupé en lanières de ¼ po (5 mm) d'épaisseur	1
2 tasses	tomates fraîches coupées en dés	500 ml
2 c. à s.	persil frais haché	30 ml
½ c. à t.	origan séché	2 ml
½ c. à t.	basilic séché	2 ml
	sel et poivre	
1	paquet de fromage mozzarella canadien en tranches, de 200 g	1
2 c. à s.	fromage parmesan canadien râpé	30 ml

◄ Préchauffer le four à 400 °F (200 °C).

◄ Dans une grande casserole, faire fondre le beurre. À feu moyen, y faire cuire les oignons et l'ail jusqu'à ce qu'ils soient tendres. Ajouter les aubergines, les courgettes, les champignons et le poivron vert. Faire cuire à feu moyen, en remuant sans cesse, jusqu'à ce que les légumes soient tendres.

◄ Ajouter les tomates, le persil, l'origan et le basilic. Porter à ébullition à feu moyen-vif. Baisser le feu et laisser mijoter, à découvert, 10 minutes. Saler et poivrer au goût.

◄ Avec une cuillère, déposer la préparation dans une cocotte d'une capacité de 1,5 litre, rectangulaire et peu profonde, ou dans quatre petits plats d'une capacité de (1½ tasse) 375 ml chacun, peu profonds et allant au four. Couper la mozzarella en lanières ; disposer les lanières en croisillons sur les légumes. Parsemer légèrement de parmesan. Faire cuire au four 10 minutes, ou jusqu'à ce que les légumes soient chauds et que des bulles se forment à la surface.

4 portions
Préparation : 15 minutes
Cuisson : 10 minutes

─ CONSEIL ─

Choisissez une aubergine à la peau lisse et de couleur uniforme. Elle devrait être lourde et reprendre sa forme après avoir été pressée. Les petites aubergines sont habituellement plus sucrées et plus tendres.

Beignets au maïs et au cheddar

1 tasse	maïs en grains frais *ou* surgelé	250 ml
1	œuf, séparé	1
1 c. à s.	farine	15 ml
¼ c. à t.	sel	1 ml
1	pincée de poivre noir moulu	1
1 tasse	fromage cheddar fort canadien râpé*	250 ml
	beurre	

* Variez la saveur de ce plat en remplaçant le cheddar par d'autres sortes de fromages canadiens: mozzarella, colby *ou* gouda.

◄ Dans une petite casserole remplie d'eau bouillante salée, faire cuire le maïs 3 minutes, ou jusqu'à ce qu'il soit tendre mais encore croquant; égoutter.

◄ Dans un grand bol, mélanger le maïs avec le jaune d'œuf, la farine, le sel et le poivre. Incorporer le cheddar. Dans un petit bol, au batteur électrique, battre le blanc d'œuf en neige ferme; l'incorporer délicatement à la préparation au maïs.

◄ Dans une grande poêle, faire chauffer un peu de beurre à feu moyen. Y déposer la préparation au maïs par grosses cuillerées. Faire cuire jusqu'à ce que les beignets soient dorés des deux côtés. Ajouter du beurre au besoin. Servir immédiatement.

Environ 12 beignets
Préparation : 10 minutes
Cuisson : 10 minutes

Chou-fleur gratiné

1	gros chou-fleur *et/ou* brocoli, détaillé en bouquets	1
¼ tasse	beurre	50 ml
2 tasses	champignons frais tranchés	500 ml
⅓ tasse	céleri haché finement	75 ml
2 c. à s.	farine	30 ml
¼ c. à t.	moutarde en poudre	1 ml
1¼ tasse	lait	300 ml
1 tasse	fromage suisse canadien râpé*	250 ml
	sel et poivre	
½ tasse	flocons de maïs émiettés	125 ml
2 c. à s.	beurre, fondu	30 ml

* Variez la saveur de ce plat en remplaçant le fromage suisse par d'autres sortes de fromages canadiens: cheddar *ou* colby.

◄ Préchauffer le four à 350 °F (180 °C).

◄ Dans une grande casserole remplie d'eau bouillante salée, faire cuire le chou-fleur jusqu'à ce qu'il soit tendre mais encore croquant; égoutter.

◄ Dans une casserole de taille moyenne, faire fondre ¼ de tasse (50 ml) de beurre. À feu moyen, y faire cuire les champignons et le céleri jusqu'à ce qu'ils soient tendres et que le liquide se soit évaporé. Incorporer d'abord la farine et la moutarde en poudre, puis, graduellement, le lait. Faire cuire à feu moyen, en remuant sans cesse, jusqu'à ce que le mélange bouille et épaississe.

◄ Retirer du feu; ajouter le fromage suisse et remuer jusqu'à ce qu'il soit fondu. Saler et poivrer au goût.

◄ Mettre le chou-fleur dans un plat rectangulaire d'une capacité de 1,5 litre, peu profond et allant au four. Le couvrir de sauce. Mélanger les flocons de maïs émiettés avec 2 c. à s. (30 ml) de beurre fondu; répartir sur la sauce. Faire cuire au four 20 minutes, ou jusqu'à ce que le chou-fleur soit bien chaud.

6 portions
Préparation : 15 minutes
Cuisson : 20 minutes

Égoutter les pommes de terre cuites et les écraser à la fourchette.

Incorporer le cheddar aux pommes de terre.

Incorporer la crème sure, le beurre et les échalotes.

Gratin de pommes de terre

6	pommes de terre de taille moyenne, pelées et coupées en quartiers	6
1 tasse	fromage cheddar canadien râpé*	250 ml
3/4 tasse	crème sure	175 ml
1/4 tasse	beurre, ramolli	50 ml
3 c. à s.	échalotes hachées finement	45 ml
	sel et poivre	
1 tasse	mie de pain frais, émiettée	250 ml
1 c. à s.	beurre, fondu	15 ml

* Variez la saveur de ce plat en remplaçant le cheddar par d'autres sortes de fromages canadiens: fromage suisse, mozzarella, havarti *ou* brie.

◄ Préchauffer le four à 325 °F (160 °C).

◄ Dans une grande casserole remplie d'eau bouillante salée, faire cuire les pommes de terre 20 minutes, ou jusqu'à ce qu'elles soient tendres. Les égoutter et les écraser à la fourchette.

◄ Incorporer le cheddar, la crème sure, 1/4 de tasse (50 ml) de beurre ramolli et les échalotes; saler et poivrer au goût.

◄ Mettre le mélange aux pommes de terre dans un plat rectangulaire d'une capacité de 1,5 litre, peu profond et allant au four, ou dans quatre petits plats d'une capacité de (1 1/2 tasse) 375 ml chacun, peu profonds et allant au four. Mélanger la mie de pain avec 1 c. à s. (15 ml) de beurre fondu; en parsemer les pommes de terre. Faire cuire au four 15 minutes, ou jusqu'à ce que les pommes de terre soient bien chaudes.

4 à 6 portions
Préparation: 25 minutes
Cuisson: 15 minutes

— **CONSEIL** —

Pour émietter la mie de pain frais, coupez grossièrement en morceaux du pain et passez-le au mélangeur. Une tranche de pain donne environ 1/2 tasse (125 ml).

Beurre au miel (en haut); Beurre au sel et au poivre noir en grains; Beurre mexicain à la lime et à la coriandre

Beurre au miel

½ tasse	beurre, ramolli	125 ml
⅓ tasse	miel liquide	75 ml

◄ Dans un petit bol, au batteur électrique, mélanger le beurre avec le miel. Étaler généreusement sur des épis de maïs cuits et chauds.

Environ ¾ tasse (175 ml)
Préparation : 5 minutes

Beurre mexicain à la lime et à la coriandre

½ tasse	beurre, ramolli	125 ml
3 c. à s.	jus de lime	45 ml
2 c. à s.	coriandre fraîche hachée	30 ml

◄ Dans un petit bol, au batteur électrique, mélanger avec le beurre avec le jus de lime ; incorporer la coriandre. Étaler généreusement sur des épis de maïs cuits et chauds.

Environ ⅔ tasse (150 ml)
Préparation : 5 minutes

Beurre au sel et au poivre noir en grains

½ tasse	beurre, ramolli	125 ml
1¼ c. à t.	sel	6 ml
	poivre noir fraîchement moulu	

◄ Dans un petit bol, au batteur électrique, mélanger le beurre avec le sel et le poivre. Étaler généreusement sur des épis de maïs cuits et chauds.

Environ ½ tasse (125 ml)
Préparation : 5 minutes

Pommes de terre au fromage suisse

6 tasses	pommes de terre nouvelles tranchées finement, divisées	1,5 litre
½ tasse	oignon haché finement, divisé	125 ml
2 tasses	fromage suisse canadien râpé, divisé	500 ml
	sel et poivre	
1	boîte de bouillon de poulet de 10 oz (284 ml)	1
1½ c. à s.	farine	25 ml

◄ Préchauffer le four à 350 °F (180 °C).

◄ Dans un moule carré de 9 po (23 cm) de côté, disposer par couches la moitié des tranches de pommes de terre, la moitié de l'oignon, puis la moitié du fromage suisse; saler et poivrer légèrement. Répéter ces couches.

◄ Dans un bol, verser graduellement le bouillon de poulet sur la farine; remuer continuellement jusqu'à ce que le mélange soit lisse. Verser sur les pommes de terre et le fromage. Faire cuire au four 1 heure, ou jusqu'à ce que les pommes de terre soient tendres et le fromage, doré. Laisser reposer 5 minutes avant de servir.

6 portions
Préparation : 15 minutes
Cuisson : 1 heure

Pommes de terre à l'italienne : remplacer le fromage suisse par du fromage mozzarella canadien, parsemer légèrement chaque couche de pommes de terre d'origan séché *ou* d'assaisonnement à l'italienne.

Courgettes, maïs et tomates au gratin

2 lb	courgettes	1 kg
¼ tasse	beurre	50 ml
½ tasse	oignon haché finement	125 ml
½ c. à t.	origan séché	2 ml
2	tomates de taille moyenne, pelées et coupées en huit	2
1	boîte de maïs en grains de 12 oz (341 ml), égoutté	1
	sel et poivre	
⅔ tasse	mayonnaise	150 ml
⅔ tasse	fromage parmesan canadien râpé	150 ml

◄ Couper les courgettes en diagonale, en rondelles de ½ po (1 cm) d'épaisseur; réserver.

◄ Dans une grande poêle, faire fondre le beurre. À feu moyen, y faire cuire l'oignon jusqu'à ce qu'il soit tendre. Ajouter les courgettes et l'origan, couvrir et laisser mijoter 15 à 18 minutes, ou jusqu'à ce que les courgettes soient tendres. Incorporer les tomates et le maïs; faire cuire à découvert 5 minutes. Saler et poivrer au goût.

◄ Verser dans un plat peu profond allant au four. Mélanger la mayonnaise avec le parmesan; étaler sur les légumes. Faire dorer légèrement sous le gril préchauffé du four.

6 à 8 portions
Préparation : 10 minutes
Cuisson : 25 minutes

— CONSEIL —

Pour que les tomates mûrissent plus rapidement, enfermez-les un jour ou deux dans un sac en papier brun. Ne les mettez pas au réfrigérateur, car le froid atténue leur saveur. Limitez plutôt le temps de refroidissement à 1 heure avant de servir.

Champignons et haricots verts au beurre

3 c. à s.	beurre	45 ml
1 tasse	champignons frais tranchés	250 ml
1	paquet de haricots verts entiers surgelés de 300 g	1
	sel et poivre	

◄ Dans une casserole de taille moyenne, faire fondre le beurre. À feu moyen, y faire cuire les champignons jusqu'à ce qu'ils soient tendres et que le liquide se soit évaporé. Baisser le feu ; ajouter les haricots verts.

◄ Couvrir et faire cuire à feu moyen, en secouant souvent la casserole, jusqu'à ce que les haricots soient tendres mais encore croquants. Retirer le couvercle ; monter le feu. Poursuivre la cuisson en remuant sans cesse, jusqu'à ce que tout excédent de liquide se soit évaporé. Saler et poivrer au goût.

4 portions
Préparation : 5 minutes
Cuisson : 10 minutes

Petits pois à la menthe et au beurre

¼ tasse	beurre	50 ml
½ c. à t.	feuilles de menthe séchées, émiettées *ou* feuilles de menthe fraîche, hachées grossièrement	2 ml
1	paquet de petits pois surgelés de 350 g	1
	sel et poivre	

◄ Dans un casserole de taille moyenne, faire fondre le beurre.

◄ Ajouter la menthe et les petits pois.

◄ Couvrir et faire cuire à feu moyen, en secouant souvent la casserole, jusqu'à ce que les petits pois soient tendres. Retirer le couvercle ; monter le feu. Faire cuire en remuant sans cesse, jusqu'à ce que tout excédent de liquide se soit évaporé. Saler et poivrer au goût.

4 portions
Préparation : 5 minutes
Cuisson : 10 minutes

LES PÂTES

Spaghetti primavera

⅓ tasse	beurre	75 ml
1 tasse	champignons frais tranchés	250 ml
½ tasse	poivron vert coupé en lanières	125 ml
¼ tasse	oignon haché	50 ml
1	gousse d'ail, hachée finement	1
1 tasse	bouquets de brocoli cuits	250 ml
1 tasse	tomates épépinées, coupées en dés	250 ml
2 c. à s.	persil frais haché	30 ml
¾ c. à t.	origan séché	3 ml
6 oz	spaghetti *ou* spaghettini	175 g
	sel et poivre	
	fromage parmesan canadien râpé	

◄ Dans une poêle de taille moyenne, faire fondre le beurre à feu moyen. Y faire cuire les champignons, le poivron vert, l'oignon et l'ail jusqu'à ce qu'ils soient tendres. Ajouter le brocoli, les tomates, le persil et l'origan; bien faire chauffer en remuant de temps à autre.

◄ Dans une grande casserole, faire cuire les pâtes d'après les instructions sur l'emballage; les égoutter. Avec une cuillère, déposer la préparation aux légumes sur les pâtes; remuer pour bien les en enrober. Saler et poivrer au goût. Parsemer chaque portion de parmesan.

4 portions
Préparation : 15 minutes
Cuisson : 15 minutes

—CONSEIL—

Pour mesurer la quantité de spaghetti nécessaire pour cette recette, une portion de 1 po (2,5 cm) de diamètre équivaut à environ 6 oz (175 g) de spaghetti non cuit.

Lasagnes roulées aux légumes

8	lasagnes	8
3 c. à s.	beurre	45 ml
4 tasses	champignons frais hachés	1 litre
1 tasse	oignons hachés	250 ml
1	paquet d'épinards hachés surgelés de 300 g, décongelés et bien égouttés	1
2	œufs, battus	2
2 tasses	fromage mozzarella canadien râpé*	500 ml
1 tasse	fromage cottage**	250 ml
½ tasse	fromage parmesan canadien râpé	125 ml
	sel et poivre	
3	boîtes de sauce à pizza de 7½ oz (213 ml) *chacune*	3

* Variez la saveur de ce plat en remplaçant la mozzarella par d'autres sortes de fromages canadiens: provolone *ou* fontina.

** Vous pouvez remplacer le fromage cottage par du fromage ricotta canadien.

◄ Préchauffer le four à 350 °F (180 °C).

◄ Dans une grande casserole ou dans une cocotte, faire cuire les pâtes d'après les instructions sur l'emballage; les égoutter.

◄ Dans une grande poêle, faire fondre le beurre à feu doux. Y faire cuire les champignons et les oignons jusqu'à ce qu'ils soient tendres et que le liquide se soit évaporé; laisser refroidir. Incorporer les épinards, les œufs, la mozzarella, le fromage cottage et le parmesan. Saler et poivrer au goût.

◄ Étaler environ ¾ de tasse (175 ml) de la préparation au fromage sur chaque lasagne, jusqu'à 1 po (2,5 cm) d'une des extrémités. Rouler les lasagnes en commençant par l'extrémité garnie. Couper les rouleaux en deux, en diagonale.

◄ Dans un plat rectangulaire d'une capacité de 3 litres, allant au four, étaler la sauce à pizza. Y déposer les rouleaux, le côté ondulé vers le haut. Couvrir et faire cuire au four 45 minutes, ou jusqu'à que les lasagnes soient bien chaudes.

6 portions
Préparation: 25 minutes
Cuisson: 45 minutes

Lasagne aux légumes: dans un plat rectangulaire d'une capacité de 3 litres, peu profond et allant au four, déposer en alternant la moitié des lasagnes, la moitié de la préparation aux légumes et aux fromages et la moitié de la sauce; répéter ces couches. Faire cuire en suivant les indications ci-dessus.

Fusilli au cheddar

2 tasses	fusilli	500 ml
1 c. à s.	beurre, fondu	15 ml
¼ tasse	échalotes hachées	50 ml
1	boîte de crème de champignons de 10 oz (284 ml)	1
½ tasse	lait	125 ml
2 tasses	fromage cheddar canadien râpé	500 ml
1 tasse	petits pois cuits	250 ml
1 tasse	carottes coupées en dés, cuites	250 ml
	cubes de pain beurré	

◄ Préchauffer le four à 350 °F (180 °C).

◄ Dans une grande casserole, faire cuire les pâtes d'après les instructions sur l'emballage; les égoutter.

◄ Dans une grande casserole, faire fondre le beurre à feu moyen. Y faire cuire les échalotes jusqu'à ce qu'elles soient tendres. Ajouter la crème de champignons, puis incorporer graduellement le lait. Ajouter le fromage cheddar; faire cuire à feu doux en remuant sans cesse, jusqu'à ce que le fromage soit fondu. Incorporer les pâtes, les petits pois et les carottes.

◄ Verser dans un plat rectangulaire d'une capacité de 1,5 litre, peu profond et allant au four. Parsemer des cubes de pain et faire cuire au four 20 minutes, ou jusqu'à ce que les pâtes soient bien chaudes.

4 à 5 portions
Préparation : 20 minutes
Cuisson : 20 minutes

Macaroni à la mozzarella : remplacer les fusilli par 1½ tasse (375 ml) de macaroni coupé et le cheddar, par de la mozzarella. Ajouter ¼ de tasse (50 ml) de parmesan canadien râpé et remplacer les petits pois et les carottes par 1½ tasse (375 ml) de tomates épépinées, coupées en dés et 1 c. à t. (5 ml) d'assaisonnement à l'italienne.

Linguine à la milanaise

3 c. à s.	beurre	45 ml
¼ tasse	oignon haché	50 ml
1	gousse d'ail, hachée finement	1
2 c. à s.	farine	30 ml
1 c. à t.	assaisonnement à l'italienne	5 ml
1¾ tasse	lait	425 ml
2 tasses	fromage mozzarella canadien râpé*	500 ml
¼ tasse	fromage parmesan canadien râpé	50 ml
1 tasse	jambon cuit, coupé en fines lanières	250 ml
1 tasse	petits pois surgelés, décongelés	250 ml
	sel et poivre	
8 oz	linguine	250 g

◄ Dans une casserole de taille moyenne, faire fondre le beurre à feu moyen. Y faire cuire l'oignon et l'ail jusqu'à ce qu'ils soient tendres. Incorporer la farine et l'assaisonnement à l'italienne, puis, graduellement, le lait. Sans cesser de remuer, poursuivre la cuisson à feu moyen, jusqu'à ce que la sauce bouille et épaississe. Retirer du feu.

◄ Ajouter la mozzarella et le parmesan; remuer jusqu'à ce qu'ils soient fondus.

◄ Incorporer le jambon et les petits pois. Saler et poivrer au goût; garder au chaud.

◄ Dans une grande casserole, faire cuire les pâtes d'après les instructions sur l'emballage; les égoutter. Verser la sauce sur les pâtes. Mélanger pour bien les en enrober et servir.

4 portions
Préparation : 10 minutes
Cuisson : 20 minutes

─CONSEIL─

Pour la cuisson des pâtes, calculez au moins 4 tasses (1 litre) d'eau par 4 oz (125 g) de pâtes, afin d'éviter qu'elles ne collent entre elles et d'assurer une cuisson uniforme.

* Variez la saveur de ce plat en remplaçant la mozzarella par d'autres sortes de fromages canadiens : cheddar, colby *ou* provolone.

Pâtes à la sauce crémeuse au pesto

2 tasses	feuilles de basilic tassées, *ou* persil frais	500 ml
3	gousses d'ail, hachées	3
¼ tasse	pignons *ou* noix de Grenoble	50 ml
½ tasse	fromage parmesan canadien râpé	125 ml
2 c. à s.	huile d'olive	30 ml
3 c. à s.	beurre	45 ml
⅓ tasse	farine tout usage	75 ml
3 tasses	lait	750 ml
1 lb	pâtes (spaghetti, fettuccine *ou* linguine)	500 g
	sel et poivre	
	fromage parmesan canadien râpé, additionnel	

◄ Au mélangeur ou au robot culinaire muni d'une lame métallique, hacher finement le basilic, l'ail et les pignons. Laisser l'appareil en marche et incorporer le parmesan et l'huile; réserver.

◄ Dans une grande casserole, faire fondre le beurre à feu moyen. Incorporer la farine, puis, graduellement, le lait. Faire cuire à feu moyen, en remuant sans cesse, jusqu'à ce que la sauce bouille et épaississe. Incorporer la préparation au basilic réservée; garder chaud.

◄ Dans une grande casserole, faire cuire les pâtes d'après les instructions sur l'emballage; les égoutter. Verser la sauce sur les pâtes; mélanger pour bien les en enrober. Saler et poivrer au goût. Couvrir et laisser reposer 5 minutes avant de servir. Parsemer chaque portion de parmesan.

6 portions
Préparation : 10 minutes
Cuisson : 20 minutes

Variante: vous pouvez remplacer le basilic *ou* le persil par des épinards frais.

Au robot culinaire muni d'une lame métallique, hacher finement le basilic, l'ail et les pignons.

Incorporer le parmesan.

Incorporer l'huile.

Dans une grande casserole, faire fondre le beurre et y incorporer la farine.

Incorporer graduellement le lait. Faire cuire à feu moyen, en remuant sans cesse, jusqu'à ce que la sauce bouille et épaississe.

Incorporer la préparation au basilic réservée.

Manicotti au four

8	manicotti	8
½ lb	bœuf haché maigre	250 g
½ tasse	oignon haché	125 ml
1	gousse d'ail, hachée finement	1
1	boîte de tomates entières de 19 oz (540 ml)	1
1	boîte de pâte de tomates de 5½ oz (156 ml)	1
1 c. à t.	sucre	5 ml
½ c. à t.	*chacun* des ingrédients suivants séchés : basilic et origan	2 ml
	sel et poivre	
1½ tasse	fromage mozzarella canadien râpé*	375 ml
1 tasse	fromage cottage**	250 ml
½ tasse	fromage parmesan canadien râpé	125 ml
2	œufs, battus	2
1 c. à s.	persil haché	15 ml
1 c. à t.	sel	5 ml

◄ Préchauffer le four à 350 °F (180 °C).

◄ Dans une grande casserole ou dans une cocotte, faire cuire les pâtes d'après les instructions sur l'emballage ; les égoutter.

◄ Dans une grande poêle, faire sauter le bœuf, l'oignon et l'ail jusqu'à ce que la viande soit dorée et les légumes, tendres ; les égoutter. Incorporer les tomates, la pâte de tomates, le sucre, le basilic et l'origan. Porter à ébullition. Baisser le feu, couvrir et laisser mijoter 30 minutes. Saler et poivrer au goût.

◄ Dans un grand bol, mélanger la mozzarella avec le fromage cottage, le parmesan, les œufs, le persil et 1 c. à t. (5 ml) de sel.

◄ Étaler la moitié de la sauce aux tomates dans un plat rectangulaire d'une capacité de 2 litres, peu profond et allant au four. Garder le reste de la sauce au chaud. Farcir les manicotti de la préparation au fromage, puis les disposer dans le plat. Faire cuire au four, à découvert, 30 minutes, ou jusqu'à ce que les manicotti soient bien chauds. Napper les manicotti du reste de la sauce et servir.

4 portions
Préparation : 45 minutes
Cuisson : 30 minutes

* Variez la saveur de ce plat en remplaçant la mozzarella par d'autres sortes de fromages canadiens : provolone *ou* fontina.

** Vous pouvez remplacer le fromage cottage par du fromage ricotta canadien.

Macaroni aux trois fromages

2 tasses	macaroni coupé	500 ml
5 c. à s.	beurre, divisé	75 ml
¼ tasse	échalotes hachées	50 ml
¼ tasse	farine tout usage	50 ml
½ c. à t.	moutarde en poudre	2 ml
2 tasses	lait	500 ml
1½ tasse	fromage cheddar canadien râpé	375 ml
1 tasse	fromage suisse canadien râpé	250 ml
1 tasse	fromage brick canadien râpé (avec ou sans graines de carvi)	250 ml
1 c. à s.	persil haché	15 ml
	sel et poivre	
1 tasse	mie de pain frais, émiettée	250 ml

◄ Préchauffer le four à 350 °F (180 °C).

◄ Dans une grande casserole, faire cuire les pâtes d'après les instructions sur l'emballage ; les égoutter.

◄ Dans une grande casserole, à feu moyen, faire fondre 4 c. à s. (60 ml) de beurre. Y faire cuire les échalotes jusqu'à ce qu'elles soient tendres. Incorporer la farine et la moutarde en poudre, puis, graduellement, le lait. Faire cuire à feu moyen, en remuant sans cesse, jusqu'à ce que la sauce bouille et épaississe. Retirer du feu.

◄ Ajouter le cheddar, le fromage suisse et le brick ; remuer jusqu'à ce que les fromages soient fondus. (Au besoin, remettre sur feu doux pour faire fondre les fromages.)

◄ Incorporer délicatement le macaroni et le persil. Saler et poivrer au goût. Verser dans un plat rectangulaire d'une capacité de 2 litres, peu profond et allant au four.

◄ Faire fondre le reste du beurre ; le mélanger avec la mie de pain. Parsemer le plat de ce mélange et faire cuire au four 20 minutes, ou jusqu'à ce que les pâtes soient bien chaudes.

6 portions
Préparation : 30 minutes
Cuisson : 20 minutes

Farfalle au fromage

1½ tasse	farfalle	375 ml
2 c. à s.	beurre	30 ml
2 c. à s.	farine	30 ml
½ c. à t.	mélange pour bouillon de poulet	2 ml
1 tasse	lait	250 ml
1½ tasse	fromage colby canadien râpé*	375 ml
4	saucisses wieners, coupées en rondelles de ¼ po (5 mm) d'épaisseur	4
¾ tasse	petits pois surgelés, décongelés	175 ml
1 à 2 c. à s.	ketchup	15 à 30 ml
	découpes de pain grillé	

*Variez la saveur de ce plat en remplaçant le colby par d'autres sortes de fromages canadiens: cheddar *ou* fromage marbré.

◄ Dans une grande casserole, faire cuire les pâtes d'après les instructions sur l'emballage; les égoutter.

◄ Dans une grande casserole, faire fondre le beurre à feu moyen. Incorporer la farine et le mélange pour bouillon de poulet, puis, graduellement, le lait. Faire cuire en remuant sans cesse, jusqu'à ce que la sauce bouille et épaississe. Retirer du feu.

◄ Incorporer le colby; remuer jusqu'à ce qu'il soit fondu. Ajouter les pâtes, les saucisses, les petits pois et le ketchup; faire cuire à feu doux, en remuant, jusqu'à ce que la préparation soit bien chaude. Ne pas faire bouillir. Servir avec des découpes de pain grillé.

4 portions
Préparation: 15 minutes
Cuisson: 15 minutes

— CONSEILS —

Vous pouvez remplacer les farfalle par des rotelle.

Utilisez des emporte-pièces de formes différentes (cœur, étoile, ourson, etc.) pour faire des découpes de pain aux formes amusantes.

① Faire sauter le bœuf et le poivron vert jusqu'à ce que la viande soit brunie; égoutter. Incorporer la sauce tomate et l'origan.

② Dans un petit bol, mélanger le fromage cottage avec la moitié du cheddar, la crème sure, les échalotes et le sel.

③ Verser la moitié des pâtes dans un plat de 8 po (20 cm) de côté, allant au four et non beurré.

Délice en casserole

3 tasses	nouilles de taille moyenne	750 ml
1 lb	bœuf haché maigre	500 g
½ tasse	poivron vert haché	125 ml
1	boîte de sauce tomate de 14 oz (398 ml)	1
½ c. à t.	origan séché	2 ml
1 tasse	fromage cottage*	250 ml
1 tasse	fromage cheddar canadien râpé**, divisé	250 ml
¼ tasse	crème sure	50 ml
2 c. à s.	échalotes hachées finement	30 ml
½ c. à t.	sel	2 ml

* Vous pouvez remplacer le fromage cottage par du fromage ricotta canadien.

** Variez la saveur de ce plat en remplaçant le cheddar par d'autres sortes de fromages canadiens: mozzarella *ou* havarti.

◄ Préchauffer le four à 350 °F (180 °C).

◄ Dans une grande casserole, faire cuire les pâtes d'après les instructions sur l'emballage; les égoutter.

◄ Dans une grande poêle, faire sauter le bœuf et le poivron vert jusqu'à ce que la viande soit brunie et le poivron, tendre; égoutter. Incorporer la sauce tomate et l'origan. Amener à ébullition à feu moyen, en remuant sans cesse; retirer du feu et réserver.

◄ Dans un petit bol, mélanger le fromage cottage avec la moitié du cheddar, la crème sure, les échalotes et le sel. Verser la moitié des pâtes dans un plat carré de 8 po (20 cm) de côté, allant au four et non graissé. Couvrir de la préparation au fromage, puis du reste des pâtes. Napper de la préparation à la viande. Parsemer du reste du cheddar.

◄ Faire cuire au four, à découvert, 30 minutes, ou jusqu'à ce que les pâtes soient bien chaudes. Laisser reposer 5 minutes avant de servir.

4 à 6 portions
Préparation: 15 minutes
Cuisson: 30 minutes

Couvrir les pâtes de la préparation au fromage.

Recouvrir du reste des pâtes et napper de la préparation à la viande.

Parsemer du reste du cheddar.

Coquilles géantes à l'italienne

16	coquilles géantes	16
1½ tasse	fromage mozzarella canadien râpé*	375 ml
1 tasse	fromage cottage**	250 ml
½ tasse	fromage parmesan canadien râpé	125 ml
2	œufs, battus	2
1 c. à s.	persil haché	15 ml
1	boîte de sauce aux tomates italiennes de 14 oz (398 ml)	1

* Variez la saveur de ce plat en remplaçant la mozzarella par d'autres sortes de fromages canadiens: provolone, cheddar *ou* gouda.

** Vous pouvez remplacer le fromage cottage par du fromage ricotta canadien.

◄ Préchauffer le four à 350 °F (180 °C).

◄ Dans une grande casserole, faire cuire les pâtes d'après les instructions sur l'emballage; les égoutter.

◄ Dans un bol de taille moyenne, mélanger la mozzarella avec le fromage cottage, le parmesan, les œufs et le persil. Farcir les coquilles de cette préparation.

◄ Répartir la sauce aux tomates entre 4 petits plats peu profonds, allant au four. Disposer 4 coquilles farcies dans chaque plat. Couvrir et faire cuire au four 20 minutes, ou jusqu'à ce que les pâtes soient bien chaudes.

4 portions
Préparation : 30 minutes
Cuisson : 20 minutes

Variante: vous pouvez remplacer les petits plats individuels par un grand plat rectangulaire d'une capacité de 2 litres, peu profond, dans lequel vous étalez la sauce aux tomates. Disposez les coquilles dessus. Couvrez et augmentez le temps de cuisson à 30 minutes.

LES POISSONS

Roulés de sole au four

1½ lb	filets de sole (décongelés, si surgelés)	750 g
2 c. à s.	jus de citron	30 ml
2 c. à s.	beurre	30 ml
2 c. à s.	farine	30 ml
1 c. à t.	mélange pour bouillon de poulet	5 ml
½ c. à t.	moutarde en poudre	2 ml
1½ tasse	lait	375 ml
½ tasse	fromage suisse canadien râpé*	125 ml
2 c. à s.	fromage parmesan canadien râpé*	30 ml
	sel et poivre	

*Variez la saveur de ce plat en remplaçant le fromage suisse et le parmesan par ¾ de tasse (175 ml) de cheddar canadien.

◄ Préchauffer le four à 400 °F (200 °C).

◄ Si les filets de sole sont gros, les couper en deux dans le sens de la longueur. Ensuite, les rouler et, au besoin, les fixer avec des cure-dents. Les déposer dans un plat rectangulaire peu profond, allant au four ; arroser de jus de citron. Couvrir de papier d'aluminium et faire cuire au four 14 minutes, ou jusqu'à ce que le poisson se défasse à la fourchette.

◄ Dans une casserole de taille moyenne, faire fondre le beurre. Incorporer la farine, le mélange pour bouillon de poulet et la moutarde en poudre, puis, graduellement, le lait. Faire cuire à feu moyen, en remuant sans cesse, jusqu'à ce que la sauce bouille et épaississe. Retirer du feu.

◄ Ajouter le fromage suisse et le parmesan ; remuer jusqu'à ce qu'ils soient fondus. Saler et poivrer au goût. Égoutter les roulés de poisson et servir avec la sauce au fromage.

4 portions
Préparation : 10 minutes
Cuisson : 14 minutes

Saumon en sauce à la suisse

2 c. à s.	beurre	30 ml
2 c. à s.	farine	30 ml
2 c. à t.	mélange pour bouillon de poulet	10 ml
½ c. à t.	moutarde en poudre	2 ml
1¾ tasse	lait	425 ml
¾ tasse	fromage suisse canadien râpé	175 ml
2	boîtes de saumon de 7½ oz (213 g) *chacune*, égoutté et défait en flocons, sans la peau	2
2 tasses	bouquets de brocoli cuits	500 ml

◄ Préchauffer le four à 350 °F (180 °C).

◄ Dans une casserole de taille moyenne, faire fondre le beurre. Incorporer la farine, le mélange pour bouillon de poulet et la moutarde en poudre, puis, graduellement, le lait. Faire cuire à feu moyen, en remuant sans cesse, jusqu'à ce que la sauce bouille et épaississe. Retirer du feu.

◄ Ajouter le fromage suisse et remuer jusqu'à ce qu'il soit fondu. Incorporer le saumon.

◄ Répartir la préparation entre 4 petits plats peu profonds, allant au four. Disposer le brocoli sur le pourtour des plats. Faire cuire au four 20 minutes, ou jusqu'à ce que le saumon soit bien chaud.

4 portions
Préparation : 15 minutes
Cuisson : 20 minutes

Poisson au cheddar : réduire la quantité de moutarde en poudre à ¼ c. à t. (1 ml) et la quantité de lait à 1½ tasse (375 ml). Remplacer le fromage suisse par du cheddar canadien et le saumon, par 2 tasses (500 ml) de morue, de sole *ou* de flétan cuit et défait en flocons. Remplacer le brocoli par 3 tasses (750 ml) de riz cuit mélangé avec 3 c. à s. (45 ml) de persil haché. Étaler le riz au fond des plats.

Poisson grillé au beurre teriyaki

¼ tasse	beurre, fondu	50 ml
1½ c. à s.	sauce teriyaki en bouteille	25 ml
1½ c. à s.	échalote hachée	25 ml
1	gousse d'ail, hachée finement	1
1½ lb	filets de poisson, minces (décongelés, si surgelés)	750 g

◄ Dans un petit bol, bien mélanger le beurre avec la sauce teriyaki, les échalotes et l'ail.

◄ Couper le poisson en lanières de 1 po (2,5 cm) de large ; les enfiler en accordéon sur des brochettes en métal ou en bois*.

◄ Badigeonner le poisson du mélange au beurre. Le faire griller jusqu'à ce qu'il se défasse à la fourchette, en le badigeonnant du mélange au beurre et en le retournant une fois ou deux pendant la cuisson.

* Pour éviter que les brochettes en bois ne brûlent, faites-les tremper dans de l'eau pendant 30 minutes avant de les utiliser.

6 portions
Préparation : 15 minutes
Cuisson : 8 minutes

Réduire en crème le beurre et incorporer graduellement le jus de citron. Ajouter les fines herbes; saler et poivrer au goût.

Déposer la préparation au beurre sur une pellicule de plastique et la façonner en un rouleau d'environ 1½ po (4 cm) de diamètre.

Bien sceller les extrémités et réfrigérer au moins 2 heures. Pour servir, trancher avec un couteau dont la lame a été trempée dans l'eau chaude.

Savoureux poisson au beurre

1	petit concombre, tranché finement	1
1 lb	filets de poisson à chair blanche* (décongelés, si surgelés)	500 g
	jus de citron	
	sel	
	beurre à la ciboulette et aux tomates, beurre aux fines herbes *ou* beurre au citron et au persil	

◄ Préchauffer le four à 450 °F (230 °C).

◄ Au centre d'une grande feuille de papier d'aluminium, sur le côté brillant, disposer les tranches de concombre en les faisant se chevaucher. Bien assécher le poisson et le disposer en une couche sur les concombres ; arroser de jus de citron et saler. Réunir les bords du papier d'aluminium et les plier pour les sceller. Déposer la papillote sur une plaque à biscuits.

◄ Faire cuire au four 10 minutes, ou jusqu'à ce que le poisson se défasse à la fourchette. Égoutter le poisson et le concombre. Servir avec du beurre à la ciboulette et aux tomates, du beurre aux fines herbes ou du beurre au citron et au persil.

* Pour cette recette, vous pouvez utiliser de l'aiglefin, du flétan, de la morue *ou* n'importe quel autre poisson à chair blanche.

4 portions
Préparation : 10 minutes
Cuisson : 10 minutes

Beurre à la ciboulette et aux tomates : réduire en crème 1/2 tasse (125 ml) de beurre ramolli. Incorporer graduellement, en battant, 1 c. à s. (15 ml) de pâte de tomates, 1 c. à s. (15 ml) de ciboulette séchée et 1 c. à t. (5 ml) de jus de citron. Saler et poivrer au goût. *Donne environ 1/2 tasse (125 ml).*

Beurre aux fines herbes : réduire en crème 1/2 tasse (125 ml) de beurre ramolli. Incorporer graduellement, en battant, 2 c. à s. (30 ml) de jus de citron et 1 c. à t. (5 ml) d'estragon, d'aneth, de basilic *ou* d'origan séché. Saler et poivrer au goût. *Donne environ 1/2 tasse (125 ml).*

Beurre au citron et au persil : réduire en crème 1/2 tasse (125 ml) de beurre ramolli. Incorporer graduellement, en battant, 1 1/2 c. à s. (25 ml) de jus de citron et 1 1/2 c. à s. (25 ml) de persil haché. Saler et poivrer au goût. *Donne environ 1/2 tasse (125 ml).*

Poisson au four gratiné

1	paquet de filets de morue, d'aiglefin *ou* de sole surgelés de 400 g	1
2 c. à s.	beurre, divisé	30 ml
2 c. à t.	jus de citron	10 ml
	sel et paprika	
	pâtes cuites et chaudes *ou* riz	
1 c. à s.	farine	15 ml
1/4 c. à t.	moutarde en poudre	1 ml
3/4 tasse	lait	175 ml
1 tasse	fromage cheddar canadien râpé*	250 ml
1 c. à s.	persil haché	15 ml
	sel et poivre	

* Variez la saveur de ce plat en remplaçant le cheddar par d'autres sortes de fromages canadiens : colby *ou* gouda.

◄ Préchauffer le four à 450 °F (220 °C). Couper le poisson surgelé, en diagonale, en 4 morceaux.

◄ Déposer les filets au centre d'une grande feuille de papier d'aluminium, sur le côté brillant. Les parsemer de 1 c. à s. (15 ml) de petits morceaux de beurre. Arroser de jus de citron ; saupoudrer de sel et de paprika. Réunir les bords du papier d'aluminium et les plier pour bien les sceller. Déposer la papillote sur une plaque à biscuits. Faire cuire au four 30 minutes, ou jusqu'à ce que le poisson se défasse à la fourchette.

◄ Égoutter le poisson ; réserver 1/3 de tasse (75 ml) du jus de cuisson accumulé dans le papier d'aluminium. Disposer le poisson cuit sur les pâtes ; garder au chaud.

◄ Dans une casserole de taille moyenne, faire fondre le reste du beurre. Y incorporer la farine et la moutarde en poudre, puis, graduellement, le lait et le jus de cuisson réservé. Faire cuire à feu moyen, en remuant sans cesse, jusqu'à ce que le la sauce bouille et épaississe. Retirer du feu.

◄ Ajouter le fromage cheddar et remuer jusqu'à ce qu'il soit fondu. Incorporer le persil ; saler et poivrer au goût. Pour servir, verser la sauce sur le poisson et sur les pâtes.

4 portions
Préparation : 20 minutes
Cuisson : 30 minutes

Thon en casserole

2 tasses	nouilles aux œufs larges	500 ml
¼ tasse	beurre	50 ml
½ tasse	oignon haché finement	125 ml
¼ tasse	farine tout usage	50 ml
¾ c. à t.	basilic séché	3 ml
3 tasses	lait	750 ml
¼ tasse	fromage parmesan canadien râpé	50 ml
2 tasses	brocoli cuit, coupé en morceaux	500 ml
2	boîtes de thon de 6,5 oz (184 g) *chacune*, égoutté et défait en flocons	2
	sel et poivre	
⅓ tasse	chapelure	75 ml
2 c. à s.	beurre, fondu	30 ml

◄ Dans une grande casserole, faire cuire les nouilles d'après les instructions sur l'emballage ; les égoutter.

◄ Préchauffer le four à 350 °F (180 °C).

◄ Dans une casserole de taille moyenne, faire fondre ¼ tasse (50 ml) de beurre à feu moyen. Y faire cuire l'oignon jusqu'à ce qu'il soit tendre. Incorporer la farine et le basilic, puis, graduellement, le lait. Faire cuire à feu moyen, en remuant sans cesse, jusqu'à ce que la sauce bouille et épaississe. Retirer du feu ; ajouter le parmesan et remuer jusqu'à ce qu'il soit fondu.

◄ Incorporer les nouilles, le brocoli et le thon ; saler et poivrer au goût. Verser dans un plat rectangulaire d'une capacité de 1,5 litre, peu profond et allant au four.

◄ Mélanger la chapelure avec le beurre fondu ; en parsemer le pourtour du plat. Faire cuire au four 20 minutes, ou jusqu'à ce que le thon soit bien chaud.

4 portions
Préparation : 25 minutes
Cuisson : 20 minutes

Poisson en papillote

2 c. à s.	beurre	30 ml
2 c. à s.	échalotes tranchées	30 ml
2 tasses	champignons frais tranchés finement	500 ml
1 tasse	carottes tranchées finement	250 ml
1 tasse	céleri tranché finement	250 ml
	sel assaisonné	
1 lb	filets de poisson (décongelés, si surgelés)	500 g
4 c. à t.	jus de citron, divisé	20 ml

◄ Préchauffer le four à 350 °F (180 °C).

◄ Dans une grande poêle, faire fondre le beurre à feu moyen. Y faire cuire les échalotes, les champignons, les carottes et le céleri jusqu'à ce qu'ils soient tendres mais encore croquants et que le liquide se soit évaporé; saler au goût.

◄ Découper une feuille de papier d'aluminium en quatre carrés de 12 po (30 cm) de côté; placer le côté brillant vers le haut. Répartir la préparation aux légumes au centre des carrés de papier d'aluminium et couvrir d'un morceau de poisson. Arroser chaque portion de 1 c. à t. (5 ml) de jus de citron. Rabattre la moitié du papier d'aluminium de manière à former un triangle; sceller les coins.

◄ Déposer les papillotes sur une plaque à biscuits peu profonde. Faire cuire au four 15 minutes, ou jusqu'à ce que le poisson se défasse à la fourchette. Servir dans le papier d'aluminium; pratiquer une ouverture en forme de croix sur le dessus de chaque papillote.

4 portions
Préparation : 15 minutes
Cuisson : 15 minutes

Faire cuire les échalotes, les champignons, les carottes et le céleri jusqu'à ce qu'ils soient tendres mais encore croquants.

Répartir la préparation aux légumes au centre des carrés de papier d'aluminium.

Couvrir d'un morceau de poisson et arroser de jus de citron.

Pain au saumon
avec sauce au concombre et à l'aneth

2	boîtes de saumon de 7½ oz (213 g) *chacune*, égoutté et défait en flocons	2
¾ tasse	chapelure	175 ml
⅔ tasse	lait	150 ml
2	œufs	2
½ tasse	poivron vert haché finement	125 ml
½ tasse	oignon haché finement	125 ml
¼ tasse	céleri haché finement	50 ml
¼ tasse	piments doux hachés finement	50 ml
¼ c. à t.	sel	1 ml
1	pincée de poivre noir moulu	1

Sauce au concombre et à l'aneth

2 c. à s.	beurre	30 ml
½ tasse	concombre épépiné, râpé, bien égoutté	125 ml
¼ tasse	oignon haché	50 ml
2 c. à s.	farine	30 ml
½ c. à t.	aneth séché	2 ml
1¼ tasse	lait	300 ml
2 c. à s.	jus de citron	30 ml
	sel et poivre	

◄ Préchauffer le four à 350 °F (180 °C).

◄ Dans un grand bol, bien mélanger le saumon avec la chapelure, le lait, les œufs, le poivron vert, l'oignon, le céleri, les piments doux, le sel et le poivre.

◄ Tasser la préparation dans un moule à pain graissé de 8½ po sur 4½ po (21 cm sur 11 cm). Faire cuire au four 40 minutes, ou jusqu'à ce que la préparation soit prise.

◄ Entre-temps, préparer la sauce au concombre et à l'aneth. Dans une casserole de taille moyenne, faire fondre le beurre à feu moyen. Y faire cuire le concombre et l'oignon haché jusqu'à ce qu'ils soient tendres. Incorporer la farine et l'aneth, puis, graduellement, le lait. Faire cuire à feu moyen, en remuant sans cesse, jusqu'à ce que la sauce bouille et épaississe. Incorporer le jus de citron; saler et poivrer au goût.

◄ Lorsque le pain est cuit, le sortir du four, faire courir la lame d'un couteau le long des bords du moule et renverser le pain sur un plat. Trancher et servir avec la sauce au concombre et à l'aneth.

6 portions
Préparation : 15 minutes
Cuisson : 40 minutes

LA VOLAILLE

Poulet glacé au beurre citronné

4	demi-poitrines de poulet désossées, sans la peau	4
	farine	
3 c. à s.	beurre	45 ml
3 c. à s.	eau	45 ml
1 c. à s.	jus de citron	15 ml
1½ c. à t.	mélange pour bouillon de poulet	7 ml
	persil haché	
	tranches de citron	

◄ Aplatir légèrement les demi-poitrines de poulet, les fariner et les secouer pour éliminer tout excédent de farine.

◄ Dans une grande poêle, faire fondre le beurre. À feu moyen-vif, y faire sauter les demi-poitrines de poulet jusqu'à ce qu'elles soient dorées des deux côtés. Ajouter l'eau, le jus de citron et le mélange pour bouillon de poulet; remuer jusqu'à ce que le mélange pour bouillon soit dissous. Porter à ébullition. Baisser le feu, couvrir et laisser mijoter 5 minutes, ou jusqu'à ce que le poulet ne soit plus rosé à l'intérieur. Retirer le poulet de la poêle; garder au chaud.

◄ À feu vif, en remuant sans cesse, poursuivre la cuisson du jus dans la poêle, 1 à 2 minutes, ou jusqu'à ce qu'il épaississe et qu'il devienne sirupeux. Verser sur le poulet, parsemer de persil et garnir de tranches de citron.

4 portions
Préparation : 10 minutes
Cuisson : 15 minutes

—CONSEIL—

Nettoyez bien à l'eau chaude savonneuse toutes les surfaces et tous les ustensiles ayant servi à préparer le poulet cru.

119

Ragoût de poulet exquis

2 c. à s.	beurre	30 ml
3½ lb	morceaux de poulet	1,75 kg
3 tasses	eau	750 ml
1 tasse	oignons hachés finement	250 ml
2 c. à s.	mélange pour bouillon de poulet	30 ml
2 c. à t.	assaisonnement pour volaille	10 ml
8	petites carottes pelées, coupées en morceaux de 1 po (2,5 cm)	8
6	petites pommes de terre, coupées en cubes	6
3	branches de céleri, coupées en morceaux de 1 po (2,5 cm)	3
1½ tasse	petits pois surgelés	375 ml
1¾ tasse	lait	425 ml
¼ tasse	farine tout usage	50 ml
	sel et poivre	

◄ Dans une grande casserole, faire fondre le beurre. À feu moyen-vif, y faire sauter les morceaux de poulet jusqu'à ce qu'ils soient dorés sur toutes les faces. Les égoutter et réserver. À la casserole, ajouter l'eau, les oignons, le mélange pour bouillon de poulet et l'assaisonnement pour volaille ; bien mélanger. Porter à ébullition. Baisser le feu à doux, couvrir et laisser mijoter 15 minutes.

◄ Ajouter les carottes, les pommes de terre, le céleri et le poulet réservé. Couvrir et laisser mijoter 20 minutes, ou jusqu'à ce que le poulet et les légumes soient cuits. Ajouter les petits pois et poursuivre la cuisson 3 à 5 minutes.

◄ Dans un bol, incorporer graduellement le lait à la farine ; remuer jusqu'à ce que la préparation soit lisse. Verser dans la casserole. Faire cuire à feu moyen, en remuant sans cesse, jusqu'à ce que le mélange bouille et épaississe. Saler et poivrer au goût.

6 portions
Préparation : 10 minutes
Cuisson : 45 minutes

─CONSEIL─

Il est important de bien faire cuire le poulet. Pour en vérifier la cuisson, lorsqu'il n'est pas désossé, piquez-le avec une fourchette. La viande doit être tendre et il doit s'en écouler un jus clair. Lorsqu'il est désossé, il faut s'assurer que la viande n'est plus rosée à l'intérieur.

Poulet à la moutarde et au parmesan

2 c. à s.	sauce au piment fort, divisée	30 ml
2 c. à s.	beurre, fondu	30 ml
¾ tasse	mie de pain frais émiettée	175 ml
¾ tasse	fromage parmesan canadien râpé	175 ml
⅓ tasse	moutarde forte	75 ml
1 c. à s.	eau	15 ml
8	demi-poitrines de poulet désossées, sans la peau	8
	sauce piquante (facultatif)	

◄ Préchauffer le four à 420 °F (230 °C).

◄ Dans un petit bol, mélanger 1 c. à s. (15 ml) de sauce au piment fort avec le beurre. Incorporer ce mélange à la mie de pain et au parmesan; réserver.

◄ Dans un plat peu profond, mélanger la moutarde forte avec le reste de la sauce au piment fort. En enrober les morceaux de poulet, puis les déposer dans un plat peu profond de 15 po sur 10 po (38 cm sur 25 cm), allant au four et graissé.

◄ Couvrir le poulet du mélange au parmesan; presser légèrement pour le faire adhérer. Faire cuire au four 20 minutes, ou jusqu'à ce que le poulet ne soit plus rosé à l'intérieur. Servir avec la sauce piquante, si désiré.

8 portions
Préparation : 10 minutes
Cuisson : 20 minutes

Sauce piquante : dans une petite casserole, mélanger ⅓ de tasse (75 ml) de sauce au piment fort avec 2 c. à s. (30 ml) de beurre et 2 c. à t. (10 ml) de jus de citron. Faire chauffer jusqu'à ce que le beurre soit fondu. *Donne environ ½ tasse (125 ml).*

Casserole de dinde et de riz sauvage

1	paquet de riz sauvage à grains longs de 170 g	1
1 tasse	céleri tranché finement	250 ml
2 tasses	dinde cuite et coupée en dés, *ou* poulet	500 ml
2	paquets de bouquets de brocoli de 300 g *chacun*, cuits et égouttés	2
2 c. à s.	beurre	30 ml
2 c. à s.	farine	30 ml
2 c. à t.	mélange pour bouillon de poulet	10 ml
½ c. à t.	moutarde en poudre	2 ml
1¾ tasse	lait	425 ml
2 tasses	fromage suisse canadien râpé	500 ml
2 c. à s.	fromage parmesan canadien râpé	30 ml
	sel et poivre	

◄ Préchauffer le four à 350 °F (180 °C).

◄ Dans une casserole de taille moyenne, faire cuire le riz d'après les instructions sur l'emballage; incorporer le céleri. Dans un plat rond d'une capacité de 2 litres, déposer en alternant des couches de riz et de dinde. Couvrir des bouquets de brocoli.

◄ Dans une petite casserole, faire fondre le beurre. Incorporer la farine, le mélange pour bouillon de poulet et la moutarde en poudre puis, graduellement, le lait. Faire cuire à feu moyen, en remuant sans cesse, jusqu'à ce que la sauce bouille et épaississe. Retirer du feu.

◄ Ajouter le fromage suisse et le parmesan; remuer jusqu'à ce qu'ils soient fondus. Saler et poivrer au goût.

◄ Verser sur le riz et sur les bouquets de brocoli. Faire cuire au four, à découvert, 35 minutes, ou jusqu'à ce que le riz soit bien chaud.

5 ou 6 portions
Préparation : 20 minutes
Cuisson : 35 minutes

Poitrines de dinde au parmesan

½ tasse	fromage parmesan canadien râpé	125 ml
½ tasse	chapelure	125 ml
2 lb	poitrines de dinde désossées, sans la peau, coupées en 8	1 kg
⅓ tasse	farine tout usage	75 ml
2	œufs, légèrement battus	2
	beurre	
3 tasses	sauce à spaghetti *ou* à pizza, divisée	750 ml
2	paquets de fromage mozzarella canadien en tranches*, de 200 g *chacun*	2

* Variez la saveur de ce plat en remplaçant la mozzarella par du provolone canadien coupé en tranches fines.

◄ Préchauffer le four à 350 °F (180 °C).

◄ Dans un plat peu profond, mélanger le parmesan avec la chapelure. Fariner les tranches de dinde, puis les tremper dans les œufs et ensuite les enrober de la chapelure au parmesan. Secouer légèrement pour enlever tout excédent et laisser reposer sur une grille métallique pendant 10 minutes.

◄ Dans une grande poêle, faire fondre un peu de beurre. Y faire revenir les tranches de dinde, quelques-unes à la fois, jusqu'à ce qu'elles soient dorées des deux côtés. Ajouter du beurre au besoin.

◄ Étaler la moitié de la sauce à spaghetti dans un plat rectangulaire d'une capacité de 3 litres, peu profond et allant au four. Y disposer, en alternant, des couches de dinde et de mozzarella. Avec une cuillère, déposer le reste de la sauce sur le pourtour du plat.

◄ Faire cuire au four, à découvert, 25 minutes, ou jusqu'à ce que la viande soit bien chaude.

8 portions
Préparation : 25 minutes
Cuisson : 25 minutes

1

Fariner les tranches de dinde, puis les tremper dans les œufs et ensuite les enrober de la chapelure au parmesan. Secouer légèrement pour éliminer tout excédent.

2

Faire revenir les tranches de dinde jusqu'à ce qu'elles soient dorées des deux côtés; ajouter du beurre au besoin.

3

Étaler la moitié de la sauce à spaghetti dans un plat rectangulaire peu profond. Y disposer, en alternant, des couches de dinde et de mozzarella.

Croquettes de poulet au paprika

1½ lb	poulet haché, *ou* dinde	750 g
1½ tasse	lait, divisé	375 ml
⅔ tasse	chapelure	150 ml
1 c. à t.	sel d'ail	5 ml
1	œuf	1
	beurre	
1 tasse	oignons hachés	250 ml
1 c. à s.	paprika	15 ml
2 c. à t.	mélange pour bouillon de poulet	10 ml
½ tasse	eau	125 ml
1 c. à s.	farine	15 ml
½ tasse	crème sure	125 ml
	sel et poivre	

◄ Dans un grand bol, bien mélanger le poulet avec ½ tasse (125 ml) de lait, la chapelure, le sel d'ail et l'œuf; façonner en 6 croquettes.

◄ Dans une grande poêle, faire fondre un peu de beurre. Y faire revenir les croquettes des deux côtés, jusqu'à ce qu'elles soient dorées; ajouter du beurre au besoin. Retirer les croquettes; réserver.

◄ Faire fondre encore un peu de beurre dans la même poêle; y faire sauter les oignons jusqu'à ce qu'ils soient tendres. Incorporer le paprika et le mélange pour bouillon de poulet; en remuant, ajouter l'eau. Remettre les croquettes dans la poêle. À feu moyen-vif, porter à ébullition. Baisser le feu, couvrir et laisser mijoter 10 minutes, ou jusqu'à ce que les croquettes soient cuites. Les retirer de la poêle et les garder au chaud.

◄ Dans un bol, incorporer graduellement le reste du lait à la farine; remuer jusqu'à ce que le mélange soit lisse. Le verser dans la poêle. Faire cuire à feu moyen, en remuant sans cesse, jusqu'à ce que la sauce bouille et épaississe. Retirer du feu; incorporer la crème sure. Saler et poivrer au goût. Verser sur les croquettes et servir.

6 portions
Préparation : 20 minutes
Cuisson : 25 minutes

— CONSEIL —

Le paprika est souvent utilisé dans la préparation des mets hongrois. Il peut être doux comme celui que l'on trouve dans les supermarchés ou fort, de type hongrois; on trouve ce dernier dans les boutiques d'alimentation spécialisées.

Poulet au four

¼ tasse	farine tout usage	50 ml
1½ c. à t.	*chacun* des assaisonnements suivants : sel, poudre de curry, assaisonnement pour volaille	7 ml
1 c. à t.	paprika	5 ml
¼ c. à t.	poivre noir moulu	1 ml
3 lb	morceaux de poulet	1,5 kg
⅓ tasse	beurre, fondu	75 ml

◀ Préchauffer le four à 450 °F (230 °C).

◀ Dans un grand sac de plastique, mélanger la farine avec le sel, la poudre de curry, l'assaisonnement pour volaille, le paprika et le poivre. Y enfermer 2 ou 3 morceaux de poulet à la fois et secouer pour bien les enrober de farine assaisonnée. Verser le beurre dans un plat rectangulaire d'une capacité de 2 litres, peu profond et allant au four. Déposer les morceaux de poulet dans le plat.

◀ Faire cuire au four 20 minutes. Retourner les morceaux de poulet et poursuivre la cuisson 15 minutes, ou jusqu'à ce que le jus qui s'en écoule, lorsqu'on les pique avec une fourchette, soit clair.

4 portions
Préparation : 10 minutes
Cuisson : 35 minutes

―CONSEIL―

Le poulet peut se conserver jusqu'à deux jours au réfrigérateur, qu'il soit cuit ou non. Assurez-vous qu'il est bien couvert ou bien enveloppé d'une pellicule de plastique.

Suprêmes de poulet à la sauce aux amandes

	beurre	
8	demi-poitrines de poulet désossées, sans la peau	8
½ tasse	oignon haché finement	125 ml
¾ c. à t.	assaisonnement pour volaille *ou* thym moulu	3 ml
1	cube de bouillon de poulet	1
½ tasse	eau bouillante	125 ml
1 tasse	crème légère *ou* de table	250 ml
1 c. à s.	farine	15 ml
¼ tasse	amandes effilées, grillées	50 ml
	sel et poivre	

◄ Dans une grande poêle, faire fondre un peu de beurre. Y faire revenir le poulet jusqu'à ce qu'il soit doré des deux côtés; ajouter du beurre au besoin. Retirer le poulet de la poêle.

◄ Dans la même poêle, faire sauter l'oignon jusqu'à ce qu'il soit tendre. Remettre le poulet dans la poêle et le saupoudrer de l'assaisonnement pour volaille ou de thym. Dissoudre le cube de bouillon de poulet dans l'eau bouillante; en arroser le poulet. Porter à ébullition. Baisser le feu, couvrir et laisser mijoter 20 minutes, ou jusqu'à ce que le poulet ne soit plus rosé à l'intérieur. Retirer le poulet; le garder au chaud.

◄ Dans un bol, incorporer graduellement la crème à la farine; bien remuer jusqu'à ce que le mélange soit lisse. Verser dans la poêle et ajouter les amandes. Faire cuire à feu moyen, en remuant sans cesse, jusqu'à ce que la sauce bouille et épaississe. Saler et poivrer au goût. Verser sur le poulet et servir.

8 portions
Préparation : 10 minutes
Cuisson : 40 à 45 minutes

1	2	3
Ajouter le poulet au mélange à la sauce soya et remuer pour bien l'en rober.	Dans une poêle, faire fondre le beurre et y faire sauter le poulet 2 minutes, ou jusqu'à ce qu'il soit cuit.	Dans la même poêle, faire fondre le reste du beurre. Y faire sauter les carottes et l'oignon 3 minutes.

Sauté de poulet et de légumes

1 lb	poitrines de poulet désossées, sans la peau	500 g
3 c. à s.	sauce soya, divisée	45 ml
3 c. à s.	fécule de maïs, divisée	45 ml
1 c. à t.	gingembre frais, râpé (facultatif)	5 ml
1 c. à t.	sucre	5 ml
1 à 2	gousses d'ail, hachées finement	1 à 2
¼ c. à t.	flocons de piment fort	1 ml
1½ tasse	eau	375 ml
5 c. à s.	beurre, divisé	75 ml
2 tasses	carottes tranchées finement	500 ml
1	oignon, en gros morceaux	1
1	*chacun* des ingrédients suivants : poivron rouge et poivron vert, tranchés, puis chaque tranche coupée en deux	1
	riz cuit chaud	

◄ Couper le poulet en fines lanières.

◄ Dans un bol de taille moyenne, mélanger 2 c. à s. (30 ml) de sauce soya, 1 c. à s. (15 ml) de fécule de maïs, le gingembre, si désiré, le sucre et l'ail. Ajouter le poulet au mélange et remuer pour bien l'en enrober ; réserver.

◄ Mélanger le reste de la fécule de maïs avec le reste de la sauce soya et le piment fort. Incorporer l'eau et réserver.

◄ Dans une grande poêle, faire fondre 3 c. à s. (45 ml) de beurre à feu vif. Y faire sauter le poulet 2 minutes, ou jusqu'à ce qu'il soit cuit ; le retirer de la poêle.

◄ Dans la même poêle, faire fondre le reste du beurre à feu vif. Y faire sauter les carottes et l'oignon 3 minutes. Ajouter les poivrons ; les faire revenir 2 minutes. Remettre le poulet dans la poêle et y incorporer le mélange à la sauce soya. Faire cuire à feu moyen, en remuant sans cesse, jusqu'à ce que le mélange bouille et épaississe. Servir avec du riz.

4 portions
Préparation : 15 minutes
Cuisson : 15 minutes

Ajouter les poivrons ; faire revenir 2 minutes.

Incorporer le poulet.

Incorporer le mélange à la sauce soya. Faire cuire à feu moyen, en remuant sans cesse, jusqu'à ce que le mélange bouille et épaississe.

Côtelettes de porc à la crème et aux pommes

	farine	
4	côtelettes de porc maigres, d'environ ¾ po (2 cm) d'épaisseur	4
	beurre	
⅓ tasse	oignon haché finement	75 ml
1 c. à t.	mélange pour bouillon de bœuf	5 ml
1	pincée de thym moulu	1
½ tasse	jus de pomme	125 ml
6	tranches de pomme rouge, épaisses	6
⅔ tasse	crème à fouetter	150 ml
	sel et poivre	

◄ Fariner les côtelettes de porc ; les secouer légèrement pour enlever l'excédent de farine.

◄ Dans une grande poêle, faire fondre un peu de beurre à feu moyen-vif. Y faire dorer les côtelettes de porc sur les deux côtés ; les retirer de la poêle et réserver.

◄ Dans la même poêle, faire cuire l'oignon jusqu'à ce qu'il soit tendre ; ajouter du beurre au besoin. Incorporer le mélange pour bouillon de bœuf et le thym ; ajouter le jus de pomme et bien remuer. Remettre la viande dans la poêle. Porter à ébullition, à feu moyen-vif. Baisser le feu, couvrir et laisser mijoter 50 minutes, ou jusqu'à ce que la viande soit tendre.

◄ Quinze minutes avant la fin de la cuisson, disposer les tranches de pomme sur la viande. Retirer la viande et les pommes de la poêle ; garder au chaud.

◄ Verser la crème dans la poêle ; bien remuer et porter à ébullition. Faire cuire à feu moyen, en remuant sans cesse, jusqu'à ce que la sauce ait la consistance désirée. Saler et poivrer au goût. Verser sur la viande et sur les pommes, et servir.

4 portions
Préparation : 10 minutes
Cuisson : 70 minutes

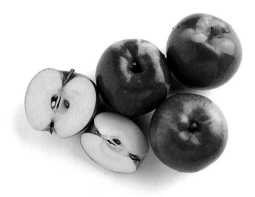

Hamburgers au fromage à la mexicaine

1 lb	bœuf haché maigre	500 g
1	sachet d'assaisonnement pour tacos, d'environ 35 g	1
1	œuf, battu	1
4 oz	fromage colby canadien, coupé en tranches*	125 g
	feuilles de laitue et tranches de tomate	
	pains à hamburger divisés en deux, grillés	
	sauce pour tacos en bouteille (facultatif)	

* Variez la saveur de ces hamburgers en remplaçant le fromage colby par d'autres sortes de fromages canadiens: Monterey Jack *ou* brick.

◄ Dans un grand bol, bien mélanger le bœuf avec l'assaisonnement pour tacos et l'œuf. Façonner en 4 boulettes aplaties. Faire cuire au barbecue ou sous le gril du four jusqu'au degré de cuisson désiré. Garnir de fromage colby; poursuivre la cuisson jusqu'à ce que le fromage soit fondu.

◄ Pour servir, garnir la moitié inférieure des petits pains de feuilles de laitue et de tranches de tomate. Y déposer 1 boulette de viande et de la sauce pour tacos, si désiré. Recouvrir de l'autre moitié des pains.

4 portions
Préparation : 10 minutes
Cuisson : 4 à 8 minutes par côté

Hamburgers au fromage à l'italienne :

dans une poêle de taille moyenne, faire fondre 2 c. à s. (30 ml) de beurre. À feu moyen-vif, y faire sauter 3 tasses (750 ml) de champignons frais tranchés jusqu'à ce qu'ils soient tendres et que le liquide se soit évaporé; garder au chaud. Remplacer l'assaisonnement pour tacos par 1/2 tasse (125 ml) de parmesan canadien râpé, 3/4 c. à t. (3 ml) d'assaisonnement à l'italienne et 1 pincée de poudre d'ail. Remplacer le colby par du fromage mozzarella canadien tranché et garnir chaque hamburger de champignons sautés.

Riz et jambon à la florentine

¼ tasse	beurre	50 ml
½ tasse	oignon haché	125 ml
1	gousse d'ail, hachée finement	1
¼ tasse	farine tout usage	50 ml
1 c. à t.	mélange pour bouillon de poulet	5 ml
2½ tasses	lait	625 ml
2 tasses	fromage cheddar canadien râpé*	500 ml
1	paquet d'épinards hachés surgelés de 300 g, décongelés	1
	sel et poivre	
3 tasses	riz cuit	750 ml
6	tranches de jambon cuit	6
	fromage cheddar canadien râpé, additionnel	

* Variez la saveur de ce plat en remplaçant le cheddar par d'autres sortes de fromages canadiens : fromage suisse, colby, gouda *ou* mozzarella.

◄ Préchauffer le four à 350 °F (180 °C).

◄ Dans une casserole de taille moyenne, faire fondre le beurre à feu moyen. Y faire cuire l'oignon et l'ail jusqu'à ce qu'ils soient tendres. Incorporer la farine et le mélange pour bouillon de poulet, puis, graduellement, le lait. Faire cuire à feu moyen, en remuant sans cesse, jusqu'à ce que la sauce bouille et épaississe. Retirer du feu.

◄ Ajouter le cheddar ; remuer jusqu'à ce qu'il soit fondu. Égoutter et assécher les épinards ; les incorporer au fromage fondu. Saler et poivrer au goût.

◄ Avec une cuillère, déposer la moitié du riz dans un plat rectangulaire d'une capacité de 2 litres, peu profond et allant au four. Garnir de la moitié de la sauce au fromage, puis des tranches de jambon. Couvrir du reste du riz et de la sauce au fromage. Parsemer de cheddar râpé. Faire cuire au four 25 minutes, ou jusqu'à ce que la préparation soit bien chaude.

6 portions
Préparation : 25 minutes
Cuisson : 25 minutes

Boulettes de viande au four

1 lb	bœuf haché maigre	500 g
¼ tasse	chapelure	50 ml
1	sachet de soupe aux champignons de 1 portion	1
½ tasse	lait	125 ml

◄ Préchauffer le four à 500 °F (260 °C).

◄ Dans un grand bol, mélanger le bœuf avec la chapelure, le sachet de soupe et le lait; façonner la préparation en 32 boulettes. Déposer les boulettes côte à côte dans un grand plat peu profond allant au four, tapissé de papier d'aluminium. Faire cuire au four 8 minutes, ou jusqu'à ce que les boulettes soient cuites; égoutter.

◄ Ajouter les boulettes de viande à l'une des sauces suivantes et servir avec du riz ou des nouilles.

4 portions
Préparation : 10 minutes
Cuisson : 8 minutes

Sauce au fromage : dans une casserole de taille moyenne, faire fondre 2 c. à s. (30 ml) de beurre. Incorporer 2 c. à s. (30 ml) de farine et ¾ c. à t. (3 ml) de moutarde en poudre, puis, graduellement, 1¼ tasse (300 ml) de lait. Faire cuire à feu moyen, en remuant sans cesse, jusqu'à ce que la sauce bouille et épaississe. Retirer du feu; laisser refroidir légèrement. Ajouter 1½ tasse (375 ml) de cheddar canadien râpé et remuer jusqu'à ce qu'il soit fondu.

Environ 1½ tasse (375 ml)
Préparation : 5 minutes
Cuisson : 10 minutes

Sauce aux champignons : dans une casserole de taille moyenne, mélanger 1 boîte de crème de champignons de 10 oz (284 ml) avec ⅔ de tasse (150 ml) de lait. Ajouter 1 boîte de champignons tranchés de 10 oz (284 ml), égouttés. Faire cuire à feu moyen, en remuant sans cesse, jusqu'à ce que la sauce soit chaude.

Environ 2½ tasses (625 ml)
Préparation : 5 minutes
Cuisson : 5 minutes

Sauce au curry : dans une casserole de taille moyenne, faire fondre 2 c. à s. (30 ml) de beurre. Incorporer 2 c. à s. (30 ml) de farine, 1 c. à t. (5 ml) de poudre de curry et 1 pincée de gingembre moulu, puis, graduellement, ¾ de tasse (175 ml) de crème légère et ½ tasse (125 ml) de consommé de bœuf. Faire cuire à feu moyen, en remuant sans cesse, jusqu'à ce que la sauce bouille et épaississe.

Environ 1½ tasse (375 ml)
Préparation : 5 minutes
Cuisson : 10 minutes

━ CONSEIL ━

Pour façonner rapidement des boulettes de viande de même taille, aplatissez la préparation à la viande sur une planche à découper de façon à former un grand carré de 1 po (2,5 cm) d'épaisseur. Avec un couteau bien aiguisé, détaillez ce carré en 32 petits carrés puis, avec les mains mouillées, façonnez chacun d'eux en boulette.

Pizza au bœuf

1½ lb	bœuf haché maigre	750 g
1 tasse	chapelure	250 ml
²/₃ tasse	consommé de bœuf	150 ml
1	œuf	1
½ tasse	oignon haché finement	125 ml
½ c. à t.	sel d'ail	2 ml
1	boîte de sauce à pizza de 7½ oz (213 ml)	1
2 tasses	fromage mozzarella canadien râpé*	500 ml
	garnitures pour pizza : tranches de champignons, de poivrons verts, d'olives, etc.	
2 c. à s.	fromage parmesan canadien râpé	30 ml

◄ Préchauffer le four à 350 °F (180 °C).

◄ Dans un grand bol, bien mélanger le bœuf avec la chapelure, le consommé de bœuf, l'œuf, l'oignon et le sel d'ail. Tasser uniformément ce mélange dans un moule à pizza de 12 po (30 cm) de diamètre ; façonner un bord de ½ po (1 cm) de large sur le pourtour du moule. Étaler la sauce à pizza sur la viande. Parsemer de la mozzarella, des autres garnitures, puis du parmesan.

◄ Faire cuire au four 20 minutes, ou jusqu'à ce que la viande soit cuite. Couper en pointes et servir.

Une pizza de 12 po (30 cm) de diamètre
Préparation : 15 minutes
Cuisson : 20 minutes

* Variez la saveur de cette pizza en remplaçant la mozzarella par d'autres sortes de fromages canadiens : brick, colby, havarti *ou* provolone.

Cassoulet à la saucisse et aux haricots secs

1½ lb	saucisses polonaises	750 g
2	boîtes de fèves au lard de 14 oz (398 ml) *chacune*	2
2	boîtes de haricots rouges de 14 oz (398 ml) *chacune*, égouttés	2
1	boîte de haricots de Lima de 14 oz (398 ml), égouttés	1
3 tasses	fromage cheddar canadien râpé*	750 ml
1	boîte de sauce tomate de 7½ oz (213 ml)	1
⅓ tasse	mélasse	75 ml
2 c. à t.	sel d'oignon	10 ml
½ c. à t.	poivre noir moulu	2 ml
¼ c. à t.	moutarde en poudre	1 ml

* Variez la saveur de ce cassoulet en remplaçant le cheddar par d'autres sortes de fromages canadiens : colby, brick, farmer *ou* gouda.

◄ Préchauffer le four à 350 °F (180 °C).

◄ Retirer la peau des saucisses ; couper la chair en rondelles de ½ po (1 cm) d'épaisseur. Dans un plat d'une capacité de 4 litres, allant au four, mélanger les fèves au lard, les haricots rouges, les haricots de Lima, les saucisses et le cheddar.

◄ Dans un petit bol, bien mélanger la sauce tomate avec la mélasse, le sel d'oignon, le poivre et la moutarde en poudre. Incorporer au mélange aux haricots, puis faire cuire 1 heure au four, à découvert. Remuer et poursuivre la cuisson 15 minutes.

10 à 12 portions
Préparation : 10 minutes
Cuisson : 1 heure 15 minutes

Pâté chinois avec purée de pommes de terre au fromage

1½ lb	bœuf haché maigre	750 g
2 tasses	champignons frais tranchés	500 ml
2	boîtes de sauce à pizza de 7½ oz (213 ml) *chacune*	2
1	sachet de mélange pour sauce à spaghetti d'environ 43 g	1
2 tasses	haricots verts coupés, surgelés	500 ml
6	pommes de terre de taille moyenne, pelées et coupées en quartiers	6
¾ tasse	lait chaud	175 ml
2 c. à s.	beurre	30 ml
1¼ tasse	fromage cheddar canadien râpé*, divisé	300 ml
	sel et poivre	

◄ Préchauffer le four à 350 °F (180 °C).

◄ Dans une grande poêle, faire sauter le bœuf et les champignons jusqu'à ce que la viande soit brunie et les champignons, tendres. Égoutter. Incorporer la sauce à pizza, la sauce à spaghetti et les haricots verts. Avec une cuillère, étaler la préparation à la viande dans un plat rectangulaire d'une capacité de 2 litres, peu profond et allant au four.

◄ Dans une grande casserole remplie d'eau bouillante salée, faire cuire les pommes de terre 20 minutes, ou jusqu'à ce qu'elles soient tendres. Les égoutter, puis les réduire en purée avec le lait et le beurre. Incorporer 1 tasse (250 ml) de cheddar. Saler et poivrer au goût.

◄ Étaler la purée de pommes de terre sur la couche de viande et de légumes. Parsemer du reste du cheddar. Faire cuire au four 30 minutes, ou jusqu'à ce que le pâté chinois soit bien chaud.

6 portions
Préparation : 15 minutes
Cuisson : 30 minutes

* Variez la saveur de ce plat en remplaçant le cheddar par d'autres sortes de fromages canadiens : colby *ou* mozzarella.

Goulache au porc

2 c. à s.	beurre	30 ml
2	oignons de taille moyenne, coupés en tranches fines	2
2 c. à t.	paprika	10 ml
2 c. à t.	mélange pour bouillon de poulet	10 ml
1½ c. à t.	sel d'ail	7 ml
1¼ tasse	eau, divisée	300 ml
2 lb	porc à ragoût maigre, désossé, coupé en cubes de 1 po (2,5 cm)	1 kg
3 c. à s.	farine	45 ml
1 tasse	yogourt nature	250 ml
1 c. à t.	sucre	5 ml
	riz cuit chaud, *ou* nouilles	

◄ Dans une grande casserole ou dans une cocotte, faire fondre le beurre à feu moyen. Y faire cuire les oignons jusqu'à ce qu'ils soient tendres. Incorporer le paprika, le mélange pour bouillon de poulet et le sel d'ail. Ajouter 1 tasse (250 ml) d'eau et le porc. Porter à ébullition à feu moyen-vif. Baisser le feu, couvrir et laisser mijoter 1½ heure, ou jusqu'à ce que la viande soit tendre ; remuer de temps en temps.

◄ Dans un bol, incorporer graduellement le reste de l'eau à la farine ; remuer jusqu'à ce que le mélange soit lisse, puis le verser dans la préparation à la viande. Faire cuire à feu moyen, en remuant sans cesse, jusqu'à ce que le mélange bouille et épaississe.

◄ Mélanger le yogourt avec le sucre ; incorporer à la préparation à la viande. Faire réchauffer, en remuant sans cesse, jusqu'à ce que la goulache soit chaude. Ne pas porter à ébullition. Servir sur le riz.

6 portions
Préparation : 20 minutes
Cuisson : 1 heure 45 minutes

Sauce à congeler, au bœuf et au cheddar

4 lb	bœuf haché maigre	2 kg
1 tasse	oignons hachés finement	250 ml
3	boîtes de sauce tomate de 14 oz (398 ml) *chacune*	3
1 c. à s.	sel	15 ml
1 c. à s.	sauce Worcestershire	15 ml
4 tasses	fromage cheddar canadien râpé	1 litre

◄ Dans une grande casserole ou dans une cocotte, faire revenir le bœuf et les oignons jusqu'à ce que la viande soit brunie et les oignons, tendres. Égoutter.

◄ Remettre la viande et les oignons dans la casserole, puis ajouter la sauce tomate, le sel et la sauce Worcestershire. Porter à ébullition à feu moyen-vif. Baisser le feu, couvrir et laisser mijoter 45 minutes, en remuant de temps en temps. Retirer du feu. Ajouter le cheddar et remuer jusqu'à ce qu'il soit fondu. Laisser refroidir.

◄ Diviser la sauce en 4 portions égales, puis les congeler dans des contenants de plastique ou des sacs à congélation. Décongeler et utiliser pour préparer une sauce à spaghetti, un chili con carne ou une lasagne. (Voir les recettes qui suivent.)

12 tasses (4 litres)
Préparation : 20 minutes
Cuisson : 50 minutes

Sauce à spaghetti

1	portion de sauce à congeler, au bœuf et au cheddar, décongelée	1
1	boîte de tomates entières de 14 oz (398 ml)	1
1	boîte de champignons tranchés de 10 oz (284 ml), égouttés	1
1	boîte de pâte de tomates de 5½ oz (156 ml)	1
1	gousse d'ail, hachée finement	1
1	feuille de laurier	1
	spaghetti cuit	

◄ Dans une grande casserole, mélanger la sauce au bœuf et au cheddar avec les tomates, les champignons, la pâte de tomates, l'ail et la feuille de laurier. Porter à ébullition à feu moyen-vif. Baisser le feu, couvrir et laisser mijoter 20 minutes en remuant de temps en temps. Retirer la feuille de laurier. Servir sur du spaghetti chaud.

4 portions
Préparation : 5 minutes
Cuisson : 20 minutes

Sauce à spaghetti

Chili con carne

1	portion de sauce à congeler, au bœuf et au cheddar, décongelée	1
1	boîte de haricots rouges de 19 oz (540 ml), égouttés	1
1	boîte de tomates entières de 14 oz (398 ml)	1
1 c. à s.	assaisonnement au chili	15 ml
	fromage cheddar canadien râpé	

◄ Dans une grande casserole, mélanger la sauce au bœuf et au cheddar avec les haricots rouges, les tomates et l'assaisonnement au chili. Porter à ébullition à feu moyen-vif. Baisser le feu, couvrir et laisser mijoter 30 minutes, en remuant de temps en temps.

◄ Parsemer chaque portion de cheddar.

4 portions
Préparation : 5 minutes
Cuisson : 30 minutes

Lasagne

1	portion de sauce à congeler, au bœuf et au cheddar, décongelée	1
1	boîte de pâte de tomates de 5½ oz (156 ml)	1
½ c. à t.	origan séché	2 ml
8	lasagnes cuites et égouttées	8
1 tasse	fromage cottage	250 ml
1	paquet de fromage mozzarella canadien en tranches de 200 g	1
	fromage parmesan canadien râpé	

◄ Préchauffer le four à 375 °C (190 °F).

◄ Dans un grand bol, mélanger la sauce au bœuf et au cheddar avec la pâte de tomates et l'origan. Étaler une mince couche de sauce à la viande dans un plat rectangulaire d'une capacité de 2 litres, peu profond et allant au four.

◄ Disposer par couches la moitié des lasagnes, la moitié du reste de la sauce, tout le fromage cottage et la moitié de la mozzarella. Répéter ces couches avec le reste des ingrédients. Parsemer de parmesan. Faire cuire au four 35 minutes, ou jusqu'à ce que la lasagne soit bien chaude.

6 portions
Préparation : 15 minutes
Cuisson : 35 minutes

Pain de viande à la milanaise

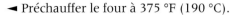

Pain de viande à la milanaise

1 lb	bœuf haché maigre	500 g
½ lb	porc haché maigre	250 g
1	sachet de soupe aux champignons d'environ 70 g	1
½ tasse	chapelure	125 ml
½ tasse	oignon haché finement	125 ml
1	œuf	1
1	boîte de sauce à pizza de 7½ oz (213 ml), divisée	1
4 oz	fromage mozzarella canadien, coupé en tranches fines*	125 g

◀ Préchauffer le four à 375 °F (190 °C).

◀ Dans un grand bol, bien mélanger le bœuf avec le porc, le sachet de soupe, la chapelure, l'oignon, l'œuf et la moitié de la sauce à pizza. Tasser le mélange dans un moule à tarte de 9 po (23 cm) de diamètre.

◀ Faire cuire au four 40 minutes, ou jusqu'à ce que la préparation soit cuite. Égoutter. Étaler le reste de la sauce à pizza sur la viande et garnir de la mozzarella. Poursuivre la cuisson 5 minutes, ou jusqu'à ce que le fromage soit fondu. Couper en pointes et servir.

6 portions
Préparation : 10 minutes
Cuisson : 45 minutes

* Variez la saveur de ce pain de viande en remplaçant la mozzarella par d'autres sortes de fromages canadiens : provolone *ou* fontina.

Pain de viande de chez nous

1½ lb	bœuf haché maigre	750 g
1	sachet de soupe à l'oignon d'environ 50 g	1
½ tasse	chapelure	125 ml
1	œuf	1
½ tasse	lait	125 ml
½ tasse	sauce barbecue en bouteille, *ou* sauce chili	125 ml
4 oz	fromage cheddar canadien, coupé en tranches fines*	125 g

◀ Préchauffer le four à 375 °F (190 °C).

◀ Dans un grand bol, mélanger le bœuf avec le sachet de soupe, la chapelure, l'œuf et le lait. Tasser le mélange dans un moule à tarte de 9 po (23 cm) de diamètre.

◀ Faire cuire au four 40 minutes, ou jusqu'à ce que la préparation soit cuite. Égoutter. Étaler la sauce barbecue sur la viande ; garnir de cheddar. Poursuivre la cuisson 5 minutes, ou jusqu'à ce que le fromage soit fondu. Couper en pointes et servir.

6 portions
Préparation : 10 minutes
Cuisson : 45 minutes

* Variez la saveur de ce pain de viande en remplaçant le cheddar par d'autres sortes de fromages canadiens : brick *ou* colby.

Les pains, les muffins et les crêpes

Pain à l'érable et aux noix, avec beurre à l'érable crémeux

2½ tasses	farine tout usage	625 ml
1 tasse	sucre	250 ml
1 c. à s.	poudre à pâte	15 ml
1 c. à t.	sel	5 ml
2	œufs	2
1¼ tasse	lait	300 ml
⅓ tasse	beurre, fondu	75 ml
1 c. à t.	extrait d'érable	5 ml
1½ tasse	noix hachées grossièrement (grillées, si désiré)	375 ml
	beurre à l'érable crémeux	

◄ Préchauffer le four à 350 °F (180 °C).

◄ Dans un grand bol, tamiser ensemble la farine, le sucre, la poudre à pâte et le sel.

◄ Dans un bol de taille moyenne, battre légèrement les œufs. Incorporer le lait, le beurre et l'extrait d'érable. Verser d'un seul coup sur les ingrédients secs et mélanger juste assez pour humecter la préparation. Incorporer les noix. Verser dans un moule à pain de 9 po sur 5 po sur 3 po (23 cm sur 13 cm sur 8 cm), graissé.

◄ Faire cuire au four 1 heure, ou jusqu'à ce qu'un cure-dents inséré au centre en ressorte propre. Laisser refroidir sur une grille, dans le moule, pendant 10 minutes. Démouler et laisser refroidir complètement. Trancher et servir avec le beurre à l'érable crémeux.

1 pain
Préparation : 15 minutes
Cuisson : 1 heure

Beurre à l'érable crémeux : battre en crème ½ tasse (125 ml) de beurre ramolli. Sans cesser de battre, incorporer graduellement ½ tasse (125 ml) de sirop d'érable. *Donne environ 1¼ tasse (300 ml).*

— CONSEIL —

Les noix grillées ont plus de saveur. Étalez-les sur une plaque à biscuits et faites-les cuire au four préchauffé à 350 °F (180 °C) 6 minutes, ou jusqu'à ce qu'elles soient dorées, puis laissez-les refroidir complètement.

Petits gâteaux aux cerises

2¼ tasses	farine tout usage	550 ml
¾ tasse	sucre	175 ml
¾ tasse	beurre ferme	175 ml
½ c. à t.	poudre à pâte	2 ml
½ c. à t.	bicarbonate de soude	2 ml
½ tasse	noix hachées finement	125 ml
1	œuf	1
1 tasse	yogourt nature	250 ml
2 c. à t.	zeste de citron râpé, ou zeste d'orange	10 ml
1	boîte de garniture pour tarte aux cerises* de 19 oz (540 ml)	1

◄ Préchauffer le four à 350 °F (180 °C).

◄ Dans un grand bol, mélanger la farine avec le sucre. Ajouter le beurre et travailler avec un coupe-pâte ou deux couteaux jusqu'à ce que le mélange ait la consistance d'une chapelure grossière ; en réserver ½ tasse (125 ml). Au mélange qui reste, incorporer la poudre à pâte, le bicarbonate de soude et les noix.

◄ Dans un petit bol, battre légèrement l'œuf. Incorporer le yogourt et le zeste de citron. Verser sur les ingrédients secs d'un seul coup et mélanger juste assez pour humecter la préparation.

◄ Tapisser des deux tiers de la pâte le fond et les parois, à mi-hauteur, de huit moules à flan d'une capacité de 1½ tasse (300 ml) chacun, graissés, ou de huit moules à tartelettes en aluminium de 4½ po sur 1¼ po (11 cm sur 3 cm). Remplir avec la garniture pour tarte aux cerises et, avec une petite cuillère, déposer le reste de la pâte sur la garniture ; parsemer du mélange à la farine réservé. Mettre les moules sur une plaque à biscuits.

◄ Faire cuire au four 25 minutes, ou jusqu'à ce qu'un cure-dents inséré au centre en ressorte propre. Laisser refroidir sur une grille, dans les moules, pendant 10 minutes. Démouler et laisser refroidir complètement.

* Remplacez la garniture pour tarte aux cerises par de la garniture pour tarte aux bleuets, aux pommes ou aux raisins secs.

8 portions
Préparation : 15 minutes
Cuisson : 25 minutes

Crêpes dorées
garnies de quartiers de pomme sautés

¾ tasse	farine tout usage	175 ml
1½ c. à t.	poudre à pâte	7 ml
1½ c. à t.	sucre	7 ml
¼ c. à t.	sel	1 ml
1 tasse	fromage cheddar canadien râpé*	250 ml
1	œuf	1
1 tasse	lait	250 ml
2 c. à s.	beurre, fondu	30 ml
	quartiers de pomme sautés**	
	sirop d'érable	

* Variez la saveur de ces crêpes en remplaçant le cheddar par du colby canadien.

◄ Dans un bol de taille moyenne, mélanger la farine avec la poudre à pâte, le sucre et le sel. Incorporer le cheddar.

◄ Dans un petit bol, battre légèrement l'œuf. Incorporer le lait et le beurre ; verser d'un seul coup sur les ingrédients secs et mélanger juste assez pour humecter la préparation.

◄ Pour chaque crêpe, étaler 1 c. à s. (15 ml) rase de pâte dans une poêle ou sur une plaque en fonte chaude, légèrement graissée. Faire cuire la crêpe à feu moyen-vif jusqu'à ce que des bulles se forment à la surface ; la retourner et faire dorer l'autre côté. Servir avec les quartiers de pomme sautés et le sirop d'érable.

** Pelez les pommes, si désiré, détaillez-les en quartiers et faites-les cuire dans 1 c. à s. (15 ml) de beurre jusqu'à ce qu'ils soient tendres.

6 portions
Préparation : 10 minutes
Cuisson : 20 minutes

Muffins au cheddar avec beurre aux pommes

2 tasses	farine tout usage	500 ml
½ tasse	sucre	125 ml
1 c. à s.	poudre à pâte	15 ml
1 c. à t.	sel	5 ml
½ c. à t.	bicarbonate de soude	2 ml
1½ tasse	fromage cheddar canadien râpé*	375 ml
2	œufs	2
1 tasse	yogourt nature	250 ml
¼ tasse	beurre, fondu	50 ml
	beurre aux pommes	

* Variez la saveur de ces muffins en remplaçant le cheddar par d'autres sortes de fromages canadiens : fromage suisse *ou* gouda.

◄ Préchauffer le four à 400 °F (200 °C).

◄ Dans un grand bol, mélanger la farine avec le sucre, la poudre à pâte, le sel et le bicarbonate de soude ; incorporer le cheddar.

◄ Dans un petit bol, battre légèrement les œufs. Incorporer le yogourt et le beurre. Verser d'un seul coup sur les ingrédients secs et mélanger juste assez pour humecter la préparation. La répartir entre 12 grands moules à muffins graissés.

◄ Faire cuire au four 18 minutes, ou jusqu'à ce qu'un cure-dents inséré au centre en ressorte propre. Laisser refroidir sur une grille, dans les moules, pendant 10 minutes. Démouler et laisser refroidir complètement. Servir avec du beurre aux pommes.

1 douzaine de muffins
Préparation : 10 minutes
Cuisson : 18 minutes

Beurre aux pommes : battre en crème ½ tasse (125 ml) de beurre ramolli, ⅓ de tasse (75 ml) de gelée de pommes et ¼ c. à t. (1 ml) de cannelle moulue. *Donne environ 1 tasse (250 ml).*

— CONSEILS —

Les muffins peuvent se garder jusqu'à deux mois au congélateur.

Avant de les congeler, laissez-les refroidir complètement, puis enveloppez-les dans du papier d'aluminium ou mettez-les dans un contenant hermétique ou dans des sacs de plastique.

Pour les faire réchauffer, couvrez-les légèrement de papier d'aluminium et mettez-les au four préchauffé à 350 °F (180 °C), 10 à 15 minutes.

Mélanger la farine avec le sucre, la poudre à pâte, le sel et le bicarbonate de soude; incorporer le cheddar.

Dans un petit bol, battre légèrement les œufs et incorporer le yogourt et le beurre.

Verser d'un seul coup sur les ingrédients secs et mélanger juste assez pour humecter la préparation.

Pain doré au cheddar

2 tasses	farine tout usage	500 ml
4 c. à t.	poudre à pâte	20 ml
1 c. à s.	sucre	15 ml
1 c. à t.	moutarde en poudre	5 ml
½ c. à t.	sel	2 ml
1½ tasse	fromage cheddar fort canadien, râpé*	375 ml
1	œuf	1
1 tasse	lait	250 ml
¼ tasse	beurre, fondu	50 ml
	paprika	

* Variez la saveur de ce pain en remplaçant le cheddar par d'autres sortes de fromages canadiens : colby *ou* fromage suisse.

◄ Préchauffer le four à 350 °F (180 °C).

◄ Dans un grand bol, mélanger la farine avec la poudre à pâte, le sucre, la moutarde en poudre et le sel ; incorporer le cheddar.

◄ Dans un petit bol, battre légèrement l'œuf. Incorporer le lait et le beurre. Verser d'un seul coup sur les ingrédients secs et mélanger juste assez pour humecter la préparation. Verser dans un moule à pain de 8½ po sur 4½ po (21 cm sur 11 cm), graissé. Saupoudrer de paprika.

◄ Faire cuire au four 40 minutes, ou jusqu'à ce qu'un cure-dents inséré au centre en ressorte propre. Laisser refroidir sur une grille, dans le moule, pendant 10 minutes. Démouler et laisser refroidir complètement.

1 pain
Préparation : 15 minutes
Cuisson : 40 minutes

─ CONSEIL ─

Mélangez la pâte juste assez pour humecter les ingrédients secs. Si elle est trop mélangée, le pain sera dur et d'une consistance irrégulière.

Pour chaque crêpe, étaler environ 1/3 de tasse (75 ml) de pâte dans une poêle ou sur une plaque en fonte chaude.

Faire cuire la pâte jusqu'à ce que des bulles se forment à la surface.

Retourner la crêpe et faire dorer l'autre côté.

Crêpes à l'érable et aux noix
avec beurre au sirop d'érable chaud

1½ tasse	farine tout usage	375 ml
¾ c. à t.	*chacun* des ingrédients suivants : poudre à pâte, bicarbonate de soude et sel	3 ml
¾ tasse	noix de Grenoble grillées, hachées *ou* pacanes	175 ml
2	œufs	2
¾ tasse	yogourt nature	175 ml
¾ tasse	lait	175 ml
¼ tasse	beurre, fondu	50 ml
½ c. à t.	extrait d'érable (facultatif)	2 ml
	beurre au sirop d'érable chaud	

◄ Dans un grand bol, mélanger la farine avec la poudre à pâte, le bicarbonate de soude et le sel ; incorporer les noix.

◄ Dans un petit bol, battre légèrement les œufs. Incorporer le yogourt, le lait, le beurre et l'extrait d'érable, si désiré. Verser d'un seul coup sur les ingrédients secs et mélanger juste assez pour humecter la préparation. La pâte sera épaisse.

◄ Pour chaque crêpe, étaler environ 1/3 de tasse (75 ml) de pâte dans une poêle ou sur une plaque en fonte chaude, légèrement graissée. Faire cuire la crêpe à feu moyen-vif jusqu'à ce que des bulles se forment à la surface, la retourner et faire dorer l'autre côté. Servir avec le beurre au sirop d'érable chaud.

4 portions
Préparation : 10 minutes
Cuisson : 20 minutes

Beurre au sirop d'érable chaud : dans une petite casserole, mélanger 1 tasse (250 ml) de sirop d'érable et 1/2 tasse (125 ml) de beurre. Faire cuire à feu moyen, en remuant sans cesse, jusqu'à ce que le beurre soit fondu. Laisser refroidir légèrement ; bien remuer avant de servir. *Donne 1 1/2 tasse (375 ml).*

— CONSEIL —

Pour faire des crêpes en forme de lettres, omettez les noix et remplissez de pâte à crêpes une bouteille de ketchup ou de moutarde en plastique, vide. Coupez le bec pour agrandir l'ouverture. À feu moyen, faites chauffer une poêle à revêtement antiadhésif, légèrement graissée. En pressant la bouteille, distribuez la pâte à crêpes dans la poêle tout en formant des lettres.

Bâtonnets au parmesan

⅓ tasse	fromage parmesan canadien râpé	75 ml
1 c. à t.	graines de pavot	5 ml
3	pains à hot-dog	3
¼ tasse	beurre, fondu	50 ml

◄ Préchauffer le four à 425 °F (220 °C).

◄ Dans un petit bol, mélanger le parmesan avec les graines de pavot. Couper chaque pain à hot-dog en quatre, dans le sens de la longueur. Déposer sur une plaque à biscuits. Badigeonner de beurre les côtés coupés et parsemer de la préparation au fromage.

◄ Faire cuire au four 5 minutes, ou jusqu'à ce que les bâtonnets soient dorés et croustillants. Laisser refroidir sur une grille.

12 bâtonnets
Préparation : 5 minutes
Cuisson : 5 minutes

Muffins au son et aux bananes, avec beurre aux fraises

1 2/3 tasse	farine tout usage	400 ml
1 c. à t.	poudre à pâte	5 ml
1 c. à t.	bicarbonate de soude	5 ml
1/2 tasse	beurre ferme	125 ml
2/3 tasse	son	150 ml
1/2 tasse	noix hachées	125 ml
1	œuf	1
2/3 tasse	banane mûre en purée	150 ml
1/2 tasse	yogourt nature	125 ml
1/2 tasse	cassonade tassée	125 ml
1 c. à s.	mélasse	15 ml
	beurre aux fraises	

◄ Préchauffer le four à 375 °F (190 °C).

◄ Dans un grand bol, mélanger la farine avec la poudre à pâte et le bicarbonate de soude. Ajouter le beurre et travailler avec un coupe-pâte ou deux couteaux jusqu'à ce que le mélange ait la consistance d'une chapelure grossière.

◄ Incorporer le son et les noix.

◄ Dans un bol de taille moyenne, battre légèrement l'œuf. Incorporer la banane, le yogourt, la cassonade et la mélasse. Verser d'un seul coup sur les ingrédients secs et mélanger juste assez pour humecter la préparation. Répartir entre 12 moules à muffins de taille moyenne, graissés.

◄ Faire cuire au four 20 minutes, ou jusqu'à ce qu'un cure-dents inséré au centre en ressorte propre. Laisser refroidir sur une grille, dans les moules, 10 minutes. Démouler et laisser refroidir complètement. Servir avec le beurre aux fraises.

1 douzaine de muffins
Préparation : 15 minutes
Cuisson : 20 minutes

Beurre aux fraises : battre en crème 1/2 tasse (125 ml) de beurre ramolli avec 1/2 tasse (125 ml) de confiture de fraises. *Donne environ 1 tasse (250 ml).*

─ CONSEIL ─

Ajoutez une garniture aux muffins avant de les faire cuire : parsemez-les de flocons d'avoine à cuisson rapide, d'un mélange cannelle et sucre, de graines de sésame ou de noix hachées.

Scones au cheddar

2¼ tasses	farine tout usage	550 ml
4 c. à t.	poudre à pâte	20 ml
1 c. à s.	sucre	15 ml
1 c. à t.	sel	5 ml
½ tasse	graisse végétale	125 ml
1	œuf, battu	1
1 tasse	lait	250 ml
1 tasse	fromage cheddar canadien râpé, divisé	250 ml
1	jaune d'œuf, battu	1
	graines de pavot	

◄ Préchauffer le four à 450 °F (230 °C).

◄ Dans un grand bol, mélanger la farine avec la poudre à pâte, le sucre et le sel. Ajouter la graisse végétale et travailler avec un coupe-pâte ou deux couteaux jusqu'à ce que le mélange ait la consistance d'une chapelure grossière. Ajouter l'œuf, le lait et ¾ de tasse (175 ml) de cheddar; mélanger juste assez pour humecter la préparation.

◄ Sur une surface légèrement farinée, pétrir la pâte délicatement environ 20 fois, en ajoutant de la farine au besoin.

◄ Déposer la pâte sur une plaque à biscuits non graissée et l'abaisser en un cercle de 8 po (20 cm) de diamètre. Couper en 8 pointes, sans les séparer. Badigeonner de jaune d'œuf et parsemer de graines de pavot.

◄ Faire cuire au four 12 minutes, ou jusqu'à ce que la pâte soit dorée. Sortir du four et parsemer du reste du cheddar. Remettre au four jusqu'à ce que le fromage soit fondu.

8 portions
Préparation : 15 minutes
Cuisson : 14 minutes

Ajouter la graisse végétale aux ingrédients secs et, avec un coupe-pâte ou deux couteaux, travailler jusqu'à ce que le mélange ait la consistance d'une chapelure grossière.

Ajouter l'œuf, le lait, et ¾ de tasse(175 ml) de cheddar; mélanger juste assez pour humecter la préparation.

Renverser sur une surface légèrement farinée et pétrir délicatement environ 20 fois.

Abaisser la pâte en un cercle de 8 po (20 cm) de diamètre.

Couper en 8 pointes, sans les séparer.

Badigeonner de jaune d'œuf et parsemer de graines de pavot.

Les Desserts

Tarte aux pommes et à la crème sure

¾ tasse	cassonade tassée, divisée	175 ml
1½ c. à s.	farine	25 ml
¼ c. à t.	sel	1 ml
1	œuf	1
1 tasse	crème sure	250 ml
1½ c. à t.	vanille	7 ml
3 tasses	pommes pelées, tranchées	750 ml
1	croûte à tarte de 9 po (23 cm) de diamètre, non cuite*	1
¼ tasse	farine tout usage	50 ml
½ c. à t.	cannelle moulue	2 ml
2 c. à s.	beurre ferme	30 ml

◄ Préchauffer le four à 400 °F (200 °C).

◄ Dans un grand bol, mélanger ½ tasse (125 ml) de cassonade avec 1½ c. à s. (25 ml) de farine et le sel. Ajouter l'œuf ; bien mélanger. Incorporer la crème sure et la vanille. Ajouter les pommes et remuer légèrement. Verser la préparation dans la croûte à tarte et faire cuire au four 10 minutes.

◄ Dans un bol de taille moyenne, mélanger ¼ de tasse (50 ml) de farine avec le reste de la cassonade et la cannelle. Ajouter le beurre et travailler à l'aide d'un coupe-pâte ou de deux couteaux jusqu'à ce que le mélange ait la consistance d'une chapelure grossière. Parsemer uniformément la tarte de ce mélange.

◄ Baisser la température du four à 350 °F (180 °F) et poursuivre la cuisson 40 minutes, ou jusqu'à ce que la préparation soit prise. Laisser refroidir sur une grille.

* Si vous utilisez une croûte à tarte surgelée, déposez-la sur une plaque à biscuits et laissez-la dégeler 10 minutes avant de la garnir.

8 portions
Préparation : 20 minutes
Cuisson : 50 minutes

Tartelettes au beurre

	pâte à tarte pour deux abaisses de 9 po (23 cm)* de diamètre	
1 tasse	raisins secs (facultatif)	250 ml
3	œufs	3
1 tasse	sirop de maïs	250 ml
2/3 tasse	cassonade tassée	150 ml
1/3 tasse	beurre, fondu	75 ml
1	pincée de sel	1

◄ Préchauffer le four à 375 °F (190 °C).

◄ Abaisser la pâte à tarte en douze ronds de 5 po (13 cm) de diamètre. Placer chaque rond de pâte dans un moule à muffins de 3 po (7,5 cm) de diamètre, sans trop l'enfoncer. Parsemer le fond de chaque croûte de raisins secs, si désiré ; réfrigérer.

◄ Dans un bol de taille moyenne, mélanger les œufs avec le sirop de maïs, la cassonade, le beurre et le sel. Verser sur les raisins secs.

◄ Faire cuire au four 20 minutes, ou jusqu'à ce que la préparation soit prise. Laisser refroidir sur une grille, dans les moules, 5 minutes. Démouler et laisser refroidir complètement.

* Vous pouvez aussi utiliser 2 douzaines de croûtes à tartelettes surgelées de 3 po (7,5 cm) de diamètre, que vous aurez laissé décongeler 10 minutes sur des plaques à biscuits.

1 douzaine de tartelettes
Préparation : 20 minutes
Cuisson : 20 minutes

Tartelettes au sirop d'érable

⅓ tasse	beurre	75 ml
⅓ tasse	farine tout usage	75 ml
½ tasse	eau	125 ml
1½ tasse	sirop d'érable	375 ml
24	croûtes à tartelettes de 3 po (7,5 cm) de diamètre, surgelées, cuites et refroidies	24

◄ Dans une casserole de taille moyenne, faire fondre le beurre. Incorporer la farine, puis, graduellement, sans cesser de remuer, l'eau et le sirop d'érable. Faire cuire à feu moyen, en remuant, jusqu'à ce que le mélange bouille et épaississe. Laisser refroidir quelques minutes.

◄ Verser dans les croûtes à tartelettes et laisser reposer jusqu'à ce que le mélange soit refroidi et pris.

2 douzaines de tartelettes
Préparation : 5 minutes
Cuisson : 5 minutes
Refroidissement : 2 heures

Gâteau au fromage à l'ancienne

1½ tasse	chapelure de biscuits graham	375 ml
¼ tasse	beurre, fondu	50 ml
3	paquets de fromage à la crème de 250 g *chacun*, ramolli	3
1 tasse	sucre	250 ml
3	œufs	3
1 c. à t.	vanille	5 ml
1½ tasse	crème sure, divisée	375 ml
3 c. à s.	sucre	45 ml
1 c. à t.	vanille	5 ml
	fruits frais	

◄ Préchauffer le four à 350 °F (180 °C).

◄ Dans un petit bol, mélanger la chapelure de biscuits graham avec le beurre. Presser au fond d'un moule à charnière de 9 po (23 cm) de diamètre.

◄ Dans un grand bol, au batteur électrique, battre le fromage à la crème jusqu'à ce qu'il soit léger et gonflé; incorporer graduellement 1 tasse (250 ml) de sucre. Ajouter les œufs, un à la fois, en battant bien après chaque addition. Incorporer la vanille et ½ tasse (125 ml) de crème sure. Verser dans la croûte préparée.

◄ Faire cuire au four 45 minutes, ou jusqu'à ce que la préparation soit juste prise lorsque vous secouez légèrement le moule.

◄ Dans un petit bol, mélanger le reste de la crème sure avec 3 c. à s. (45 ml) de sucre et la vanille. Étaler sur le gâteau au fromage chaud. Poursuivre la cuisson au four, 5 minutes. Sortir du four et laisser refroidir sur une grille. Réfrigérer avant de servir avec des fruits frais.

8 à 10 portions
Préparation : 15 minutes
Cuisson : 50 minutes

─ CONSEILS ─

Pour couper plus facilement un gâteau au fromage, trempez la lame d'un couteau dans de l'eau très chaude et essuyez-la avant de couper une tranche.

Pour faire ramollir le fromage à la crème rapidement, retirez-le de son emballage et mettez-le 15 secondes au micro-ondes, à intensité MAXIMUM.

Dans un petit bol, mélanger la chapelure de biscuits graham avec le beurre.

Battre le fromage à la crème jusqu'à ce qu'il soit léger et gonflé; incorporer graduellement le sucre. Ajouter les œufs, un à la fois, en battant bien après chaque addition.

Incorporer la vanille et la crème sure et verser dans la croûte préparée.

Crème à la vanille

1 tasse	crème à fouetter, froide	250 ml
1	paquet de fromage à la crème de 125 g, ramolli	1
2/3 tasse	sucre à glacer	150 ml
2 c. à t.	vanille	10 ml

◄ Dans un petit bol, au batteur électrique, battre la crème à fouetter jusqu'à ce qu'elle forme des pics fermes.

◄ Dans un autre petit bol, au batteur électrique muni des mêmes fouets, battre le fromage à la crème jusqu'à l'obtention d'une texture lisse; incorporer graduellement le sucre à glacer et la vanille. Incorporer d'abord une petite quantité de crème fouettée à la préparation au fromage à la crème, puis, délicatement, incorporer le reste de la crème fouettée. Servir avec des baies, un gâteau sans garniture ou une salade de fruits.

Environ 2 1/2 tasses (625 ml)
Préparation : 10 minutes

Crème aux bananes et à l'érable

1 tasse	crème à fouetter, froide	250 ml
1	paquet de fromage à la crème de 125 g, ramolli	1
1/3 tasse	sirop d'érable	75 ml
1/2 tasse	banane mûre en purée	125 ml

◄ Dans un petit bol, au batteur électrique, battre la crème à fouetter jusqu'à ce qu'elle forme des pics fermes.

◄ Dans un autre petit bol, au batteur électrique muni des mêmes fouets, battre le fromage à la crème jusqu'à l'obtention d'une texture lisse; incorporer graduellement le sirop d'érable et la purée de banane. Incorporer délicatement la crème fouettée. Servir avec des baies, un gâteau sans garniture ou une salade de fruits.

Environ 3 tasses (750 ml)
Préparation : 10 minutes

Crème au miel et au yogourt

1	paquet de fromage à la crème de 125 g, ramolli	1
3 c. à s.	miel liquide	45 ml
1 tasse	yogourt à la vanille	250 ml
1/4 à 1/2 c. à t.	zeste de citron râpé	1 à 2 ml

◄ Dans un petit bol, au batteur électrique, battre le fromage à la crème jusqu'à l'obtention d'une texture lisse. Incorporer graduellement le miel, puis le yogourt et le zeste de citron. Servir avec des baies, un gâteau sans garniture ou une salade de fruits.

Environ 2 2/3 tasses (650 ml)
Préparation : 10 minutes

Tartelettes aux fraises et au citron

3	œufs	3
2/3 tasse	sucre	150 ml
1 c. à s.	zeste de citron râpé	15 ml
1/2 tasse	jus de citron	125 ml
1 tasse	crème à fouetter, froide	250 ml
24	croûtes à tartelettes surgelées de 3 po (7,5 cm) de diamètre, cuites et refroidies	24
	fraises fraîches	
	feuilles de menthe fraîche	

◄ Dans un petit bol, au batteur électrique, battre légèrement les œufs. Incorporer le sucre sans cesser de battre, jusqu'à ce que le mélange soit épais et léger.

Incorporer le zeste et le jus de citron. Verser dans une casserole de taille moyenne. Faire cuire à feu doux, en remuant sans cesse, jusqu'à l'obtention d'une texture épaisse et onctueuse. Retirer du feu; couvrir d'une pellicule de plastique de sorte qu'elle touche la surface et laisser refroidir complètement.

◄ Dans un petit bol, au batteur électrique, fouetter la crème jusqu'à ce qu'elle forme des pics fermes; incorporer délicatement à la préparation au citron. Réfrigérer. Juste avant de servir, remplir les croûtes à tartelettes de la préparation; garnir d'une fraise et de feuilles de menthe.

2 douzaines de tartelettes
Préparation : 20 minutes
Cuisson : 10 minutes
Réfrigération : 2 heures

— CONSEILS —

Une fois fouettée, la crème double de volume. Pour obtenir 2 tasses (500 ml) de crème fouettée, utilisez 1 tasse (250 ml) de crème à fouetter.

Avant de fouetter la crème, mettez le bol et les fouets au congélateur jusqu'à ce qu'ils soient bien froids.

Sauce crémeuse au chocolat

1	paquet de brisures de chocolat mi-sucré de 175 g	1
1/3 tasse	sirop de maïs	75 ml
3/4 tasse	crème à fouetter	175 ml

◄ Dans une casserole de taille moyenne, mélanger les brisures de chocolat avec le sirop de maïs. Faire cuire à feu doux, en remuant sans cesse, jusqu'à l'obtention d'une texture lisse. Incorporer graduellement la crème à fouetter. Poursuivre la cuisson, sans cesser de remuer, jusqu'à ce que la sauce soit chaude. Servir chaud ou froid, sur de la crème glacée.

Environ 1 2/3 tasse (400 ml)
Préparation : 5 minutes
Cuisson : 5 minutes

Sauce au caramel au beurre

1/3 tasse	beurre	75 ml
1 tasse	cassonade tassée	250 ml
2/3 tasse	crème à fouetter	150 ml
2 c. à s.	sirop de maïs	30 ml

◄ Dans une casserole de taille moyenne, faire fondre le beurre. Y incorporer la cassonade, la crème à fouetter et le sirop de maïs. Faire cuire à feu doux, en remuant sans cesse, jusqu'à ce que la préparation atteigne le point d'ébullition. Servir chaud ou froid, sur de la crème glacée.

Environ 1 1/2 tasse (375 ml)
Préparation : 5 minutes
Cuisson : 5 minutes

Sauce à l'érable et aux noix

1 tasse	sirop d'érable	250 ml
2 c. à s.	beurre	30 ml
1/4 tasse	crème à fouetter	50 ml
1/4 tasse	noix de Grenoble grillées, hachées	50 ml

◄ Dans une casserole de taille moyenne, mélanger le sirop d'érable avec le beurre. Faire cuire à feu moyen, en remuant sans cesse, jusqu'à ce que le mélange atteigne le point d'ébullition. Faire bouillir 3 minutes en remuant continuellement. Laisser refroidir. Incorporer la crème à fouetter et les noix. Servir chaud ou froid, sur de la crème glacée.

Environ 1 1/4 tasse (300 ml)
Préparation : 5 minutes
Cuisson : 5 minutes

Sauce à l'érable et aux noix (en haut); Sauce crémeuse au chocolat; Sauce au caramel au beurre

Mélanger les pommes avec
le cidre, la cassonade et
le beurre. Porter à ébullition
à feu moyen, en remuant
sans cesse.

Dans un petit bol, mélanger
l'eau avec la fécule de maïs
et la cannelle; incorporer à la
préparation aux pommes.

Dans un grand bol, mélanger
la préparation pour petits
gâteaux avec le cheddar et
le sucre.

Tourte aux pommes et au cidre

8 tasses	pommes pelées, coupées en cubes	2 litres
1 1/2 tasse	cidre *ou* jus de pomme	375 ml
1/2 tasse	cassonade tassée	125 ml
3 c. à s.	beurre	45 ml
2 c. à s.	eau	30 ml
2 c. à s.	fécule de maïs	30 ml
1 c. à t.	cannelle moulue	5 ml
2 tasses	préparation pour petits gâteaux	500 ml
1 tasse	fromage cheddar canadien râpé*	250 ml
2 c. à s.	sucre	30 ml
1/2 tasse	lait	125 ml
	crème légère *ou* de table (facultatif)	

* Variez la saveur de cette tourte en remplaçant le cheddar par d'autres sortes de fromages canadiens : colby *ou* gouda.

◄ Préchauffer le four à 400 °F (200 °C).

◄ Dans une grande casserole, mélanger les pommes avec le cidre, la cassonade et le beurre. Faire cuire à feu moyen, en remuant sans cesse, jusqu'à ce que le mélange atteigne le point d'ébullition. Baisser le feu, couvrir et laisser mijoter 10 minutes, ou jusqu'à ce que les pommes soient tendres.

◄ Dans un petit bol, mélanger l'eau avec la fécule de maïs et la cannelle. Incorporer à la préparation aux pommes. Faire cuire à feu moyen, en remuant sans cesse, jusqu'à ce que le mélange bouille et épaississe. Couvrir et garder au chaud.

◄ Dans un grand bol, mélanger la préparation pour petits gâteaux avec le cheddar et le sucre. Ajouter le lait et mélanger légèrement à la fourchette.

◄ Porter de nouveau le mélange aux pommes à ébullition, puis verser dans un plat ou dans un bol allant au four, d'une capacité de 4 litres. Déposer la pâte sur les pommes chaudes, par cuillerées.

◄ Faire cuire au four 20 minutes, ou jusqu'à ce que la tourte soit dorée et que des bulles se forment à la surface. Servir chaud avec la crème légère, si désiré.

8 portions
Préparation : 30 minutes
Cuisson : 20 minutes

Ajouter le lait et mélanger légèrement à la fourchette.

Porter le mélange aux pommes à ébullition, puis verser dans un plat ou dans un bol de 4 litres, allant au four.

Par cuillerées, déposer la pâte sur les pommes chaudes.

LES BISCUITS ET LES BARRES

Biscuits aux flocons d'avoine et aux raisins secs

1 tasse + 2 c. à s.	farine tout usage	250 ml + 30 ml
1 c. à t.	poudre à pâte	5 ml
½ c. à t.	sel	2 ml
1	pincée de bicarbonate de soude	1
½ tasse	beurre, ramolli	125 ml
¾ tasse	cassonade tassée	175 ml
½ tasse	banane mûre, écrasée	125 ml
1	œuf	1
1 c. à t.	vanille	5 ml
1 tasse	flocons d'avoine à cuisson rapide	250 ml
1¼ tasse	raisins secs	300 ml

◄ Préchauffer le four à 375 °F (190 °C).

◄ Dans un bol de taille moyenne, mélanger la farine avec la poudre à pâte, le sel et le bicarbonate de soude.

◄ Dans un grand bol, au batteur électrique, travailler le beurre en crème jusqu'à ce qu'il soit léger et gonflé ; incorporer graduellement la cassonade, puis la banane, l'œuf et la vanille. Incorporer les ingrédients secs, les flocons d'avoine et les raisins secs.

◄ Sur une plaque à biscuits, déposer la pâte par cuillerées à soupe, jusqu'à concurrence de 12. Aplatir chaque cuillerée en un rond de 2 po (5 cm) de diamètre.

◄ Faire cuire au four 10 minutes, ou jusqu'à ce que le pourtour des biscuits soit légèrement doré. Sortir du four, retirer de la plaque à biscuits et laisser refroidir sur une grille.

Environ 3 douzaines
Préparation : 15 minutes
Cuisson : 10 minutes

Variante : vous pouvez remplacer les raisins secs par des cerises, des canneberges *ou* des abricots secs, par un mélange de fruits secs *ou* par des dattes hachées.

Carrés aux noix

1 tasse	farine tout usage	250 ml
¼ tasse	sucre	50 ml
½ tasse	beurre ferme	125 ml
2	œufs	2
1½ tasse	cassonade tassée	375 ml
¼ tasse	beurre, fondu	50 ml
1 c. à s.	vinaigre	15 ml
1 c. à t.	vanille	5 ml
⅔ tasse	noix de Grenoble hachées grossièrement	150 ml
½ tasse	raisins secs dorés	125 ml
	noix de Grenoble coupées en deux (facultatif)	

◄ Préchauffer le four à 350 °F (180 °C).

◄ Dans un bol de taille moyenne, mélanger la farine avec le sucre. Ajouter ½ tasse (125 ml) de beurre et, à l'aide d'un coupe-pâte ou de deux couteaux, travailler le mélange jusqu'à ce qu'il ait la consistance d'une chapelure grossière. Tasser ce mélange au fond d'un moule carré de 9 po (23 cm) de côté, non graissé. Faire cuire au four 10 minutes.

◄ Dans un bol de taille moyenne, battre légèrement les œufs. Incorporer la cassonade, ¼ de tasse (50 ml) de beurre, le vinaigre et la vanille. Ajouter les noix et les raisins secs; bien mélanger. Verser dans la croûte chaude.

◄ Faire cuire au four 30 minutes, ou jusqu'à ce que la préparation soit prise. Laisser refroidir sur une grille, dans le moule. Couper en carrés et garnir d'une moitié de noix, si désiré.

9 gros carrés ou 36 petits
Préparation : 15 minutes
Cuisson : 40 minutes

—CONSEIL—

Placer la grille au milieu du four afin d'assurer une cuisson uniforme.

Sucettes glacées au yogourt

1 tasse	yogourt nature	250 ml
¾ tasse	jus d'orange concentré surgelé	175 ml
¾ tasse	lait froid	175 ml

◄ Au mélangeur, à haute vitesse, réduire en une préparation lisse le yogourt, le jus d'orange et le lait.

◄ Verser dans 12 moules à sucettes glacées ou 6 petits moules en papier. Faire congeler partiellement, puis enfoncer un bâtonnet en bois au milieu de chaque sucette. Laisser congeler complètement.

12 sucettes glacées
Préparation : 5 minutes
Congélation : 6 à 12 heures

─ CONSEIL ─

Pour cette recette, vous pouvez utiliser n'importe quelle saveur de jus concentré surgelé.

Barres aux dattes et au cheddar

1½ tasse	farine tout usage	375 ml
2 c. à t.	poudre à pâte	10 ml
½ c. à t.	sel	2 ml
½ tasse	beurre	125 ml
1½ tasse	cassonade tassée	375 ml
2	œufs	2
2 c. à t.	vanille	10 ml
1½ tasse	fromage cheddar canadien râpé	375 ml
1 tasse	*chacun* des ingrédients suivants hachés : dattes et noix	250 ml

◄ Préchauffer le four à 350 °F (180 °C).

◄ Dans un bol de taille moyenne, mélanger la farine avec la poudre à pâte et le sel.

◄ Dans une grande casserole, faire fondre le beurre. Retirer la casserole du feu, y ajouter la cassonade et mélanger. Incorporer les œufs et la vanille en battant.

◄ Incorporer les ingrédients secs, le cheddar, les dattes et les noix. Étaler la pâte dans un moule de 13 po sur 9 po sur 2 po (33 cm sur 23 cm sur 5 cm), graissé.

◄ Faire cuire au four 30 minutes, ou jusqu'à ce que la pâte soit dorée. Laisser refroidir sur une grille, dans le moule. Couper en barres.

9 grosses barres ou 36 petites
Préparation : 20 minutes
Cuisson : 30 minutes

— CONSEIL —

Pour ajouter un brin de fantaisie lors d'une occasion particulière, coupez la pâte en losanges ou en triangles.

Carrés croustillants au chocolat et aux arachides

½ tasse	beurre	125 ml
½ tasse	poudre de cacao pur	125 ml
1 tasse	beurre d'arachide	250 ml
¾ tasse	miel liquide	175 ml
¼ tasse	sucre	50 ml
3 tasses	céréales de riz croustillantes	750 ml
2 tasses	arachides, hachées	500 ml
1 c. à t.	vanille	5 ml

◄ Dans une grande casserole, faire fondre le beurre ; incorporer le cacao. Ajouter le beurre d'arachide, le miel et le sucre. Faire cuire à feu moyen, en remuant sans cesse, jusqu'à ce que la préparation soit chaude et lisse. Retirer la casserole du feu.

◄ Ajouter les céréales, les arachides et la vanille ; bien mélanger. Presser légèrement dans un moule carré de 9 po (23 cm) de côté, non graissé.

◄ Laisser refroidir 2 heures, ou jusqu'à ce que la préparation soit prise. Couper en carrés et garder couvert au réfrigérateur.

15 gros carrés ou 36 petits
Préparation : 20 minutes
Refroidissement : 2 heures

Barres au citron

1⅓ tasse	farine tout usage	325 ml
1 tasse	sucre, divisé	250 ml
½ tasse	beurre, ramolli	125 ml
2	œufs	2
2 c. à s.	farine tout usage	30 ml
¼ c. à t.	poudre à pâte	1 ml
1½ c. à t.	zeste de citron râpé	7 ml
3 c. à s.	jus de citron	45 ml
	sucre à glacer	

◄ Préchauffer le four à 350 °F (180 °C).

◄ Dans un petit bol, au batteur électrique, battre 1⅓ tasse (325 ml) de farine avec ¼ de tasse (50 ml) du sucre et le beurre, jusqu'à ce que le mélange ait la consistance d'une chapelure grossière.

◄ Tasser la préparation au fond d'un moule carré de 8 po (20 cm) de côté, non graissé. Faire cuire au four 15 minutes, ou jusqu'à ce que le tour soit légèrement doré.

◄ Dans un petit bol, au batteur électrique, battre le reste du sucre avec les œufs, 2 c. à s. (30 ml) de farine, la poudre à pâte, le zeste et le jus de citron. Verser dans la croûte chaude.

◄ Faire cuire au four 15 minutes, ou jusqu'à ce que la préparation soit prise. Laisser refroidir sur une grille, dans le moule. Saupoudrer de sucre à glacer. Couper en barres.

15 grosses barres ou 24 petites
Préparation : 15 minutes
Cuisson : 30 minutes

Dans un petit bol, battre la farine avec ¼ de tasse (50 ml) de sucre et le beurre, jusqu'à ce que le mélange ait la consistance d'une chapelure grossière.

Dans un petit bol, battre le reste du sucre avec les œufs, la farine, la poudre à pâte, le zeste et le jus de citron.

Verser la garniture dans la croûte chaude.

Biscuits au muesli et au cheddar

¾ tasse	farine tout usage	175 ml
½ tasse	farine de blé entier	125 ml
1 c. à t.	bicarbonate de soude	5 ml
1 c. à t.	sel	5 ml
½ tasse	beurre, ramolli	125 ml
½ tasse	sucre	125 ml
⅓ tasse	miel liquide	75 ml
2	œufs	2
2 tasses	céréales de type muesli	500 ml
2 tasses	fromage cheddar canadien râpé	500 ml
1½ tasse	raisins secs dorés	375 ml

◄ Préchauffer le four à 350 °F (180 °C).

◄ Dans un bol de taille moyenne, mélanger la farine tout usage avec la farine de blé entier, le bicarbonate de soude et le sel.

◄ Dans un grand bol, au batteur électrique, travailler le beurre en crème jusqu'à ce qu'il soit léger et gonflé ; incorporer graduellement le sucre et le miel. Ajouter les œufs, un à la fois, en battant bien après chaque addition.

◄ Bien incorporer les ingrédients secs, les céréales, le cheddar et les raisins secs. (La pâte sera épaisse.) Sur une plaque à biscuits non graissée, déposer la pâte par cuillerées à soupe, à environ 2 po (5 cm) d'intervalle. Avec les doigts farinés, aplatir chaque cuillerée de pâte en un rond de 2 po (5 cm) de diamètre.

◄ Faire cuire au four 10 minutes, ou jusqu'à ce que les biscuits soient légèrement dorés. Sortir la plaque à biscuits du four, retirer immédiatement les biscuits et les laisser refroidir sur une grille.

Environ 5 douzaines
Préparation : 15 minutes
Cuisson : 10 minutes

— CONSEILS —

Conservez les biscuits mous dans un contenant hermétique et les biscuits croustillants dans un contenant dont le couvercle ne ferme pas hermétiquement.

Ne gardez pas les deux sortes de biscuits dans un même contenant.

Carrés fondants, double chocolat

1¼ tasse	farine tout usage	300 ml
1 c. à t.	poudre à pâte	5 ml
1 tasse	beurre	250 ml
1 tasse	poudre de cacao pur	250 ml
2 tasses	sucre	500 ml
4	œufs	4
1 c. à t.	vanille	5 ml
1 tasse	noix de Grenoble hachées	250 ml
1 tasse	brisures de chocolat miniatures	250 ml

◄ Préchauffer le four à 350 °F (180 °C).

◄ Dans un bol de taille moyenne, mélanger la farine avec la poudre à pâte.

◄ Dans une grande casserole, faire fondre le beurre. Retirer la casserole du feu et incorporer le cacao, puis le sucre, les œufs et la vanille. En remuant continuellement, ajouter les ingrédients secs.

◄ Verser dans un moule de 13 po sur 9 po sur 2 po (33 cm sur 23 cm sur 5 cm), graissé. Parsemer des noix et des brisures de chocolat ; presser légèrement.

◄ Faire cuire au four 30 minutes, ou jusqu'à ce qu'un cure-dents inséré au centre en ressorte propre. Laisser refroidir sur une grille, dans le moule. Couper en carrés.

10 gros carrés ou 30 petits
Préparation : 15 minutes
Cuisson : 30 minutes

— CONSEIL —

Suivez bien les indications données pour la cuisson des carrés, car ils deviennent secs lorsqu'ils sont trop cuits.

Biscuits aux mini-brisures de chocolat

2¼ tasses	farine tout usage	550 ml
½ c. à t.	sel	2 ml
1¼ tasse	beurre, ramolli	300 ml
1 tasse	sucre à glacer	250 ml
2 c. à t.	vanille	10 ml
1½ tasse	brisures de chocolat miniatures	375 ml

◄ Préchauffer le four à 325 °F (160 °C).

◄ Dans un bol de taille moyenne, mélanger la farine avec le sel.

◄ Dans un grand bol, au batteur électrique, travailler le beurre en crème jusqu'à ce qu'il soit léger et gonflé; incorporer graduellement le sucre à glacer et la vanille. Ajouter les ingrédients secs, un peu à la fois; bien mélanger entre chaque addition, jusqu'à ce que la préparation soit lisse. Incorporer les brisures de chocolat.

◄ Façonner la pâte en boules de 1 po (2,5 cm) de diamètre. Déposer les boules, 1 douzaine à la fois, sur des plaques à biscuits non graissées. Avec le fond d'un verre fariné, aplatir chaque boule de pâte en un rond d'environ 2 po (5 cm) de diamètre.

◄ Faire cuire au four 10 minutes, ou jusqu'à ce que les biscuits soient cuits. Sortir la plaque à biscuits du four, retirer les biscuits et les laisser refroidir sur une grille.

Environ 6 douzaines
Préparation : 20 minutes
Cuisson : 10 minutes

— CONSEIL —

Bien enveloppés, les biscuits se gardent jusqu'à 2 mois au congélateur.

Dans un grand bol, travailler le beurre avec le beurre d'arachide, jusqu'à ce que le mélange soit léger et gonflé; incorporer graduellement la cassonade, le sel et la vanille.

Sans cesser de remuer, ajouter les ingrédients secs, les brisures de chocolat, la noix de coco et les arachides.

Tasser la préparation uniformément dans un moule peu profond, non graissé.

Brisures de biscuits au beurre d'arachide

1¼ tasse	flocons d'avoine à cuisson rapide	300 ml
1 tasse	farine tout usage	250 ml
½ tasse	beurre, ramolli	125 ml
½ tasse	beurre d'arachide	125 ml
¾ tasse	cassonade tassée	175 ml
1 c. à t.	sel	5 ml
1 c. à t.	vanille	5 ml
1	paquet de brisures de chocolat mi-sucré de 300 g	1
½ tasse	noix de coco en flocons	125 ml
1 tasse	arachides hachées	250 ml

◄ Préchauffer le four à 375 °F (190 °C).

◄ Dans un bol de taille moyenne, mélanger les flocons d'avoine avec la farine.

◄ Dans un grand bol, au batteur électrique, travailler le beurre avec le beurre d'arachide, jusqu'à ce que le mélange soit léger et gonflé ; incorporer graduellement la cassonade, le sel et la vanille. Sans cesser de remuer, ajouter les ingrédients secs, les brisures de chocolat, la noix de coco et les arachides.

◄ Tasser la préparation uniformément dans un moule rectangulaire de 15 po sur 10 po (38 cm sur 25 cm), peu profond, non graissé. Faire cuire au four 20 minutes. Sortir du four et laisser refroidir sur une grille, dans le moule. Briser en morceaux irréguliers.

Environ 4 douzaines de morceaux
Préparation : 15 minutes
Cuisson : 20 minutes

— **CONSEIL** —

Pour les fervents du beurre d'arachide, remplacez les brisures de chocolat mi-sucré par des brisures au beurre d'arachide.

Biscuits au chocolat et aux brisures de chocolat

2¼ tasses	farine tout usage	550 ml
1½ c. à t.	bicarbonate de soude	7 ml
½ tasse	beurre, ramolli	125 ml
1	paquet de fromage à la crème de 250 g, ramolli	1
1⅓ tasse	sucre	325 ml
1	œuf	1
1	paquet de brisures de chocolat miniatures de 300 g, divisées	1
⅓ tasse	noix hachées (facultatif)	75 ml

◄ Préchauffer le four à 350 °F (180 °C).

◄ Dans un bol de taille moyenne, mélanger la farine avec le bicarbonate de soude.

◄ Dans un grand bol, au batteur électrique, travailler en crème le beurre et le fromage à la crème, jusqu'à ce que le mélange soit léger et gonflé. Incorporer graduellement le sucre et l'œuf.

◄ Faire fondre 1 tasse (250 ml) de brisures de chocolat, puis les incorporer à la pâte. Incorporer les ingrédients secs, le reste des brisures de chocolat et les noix, si désiré.

◄ Sur des plaques à biscuits non graissées, déposer la pâte par cuillerées à soupe, jusqu'à concurrence de 12. Faire cuire au four 10 minutes, ou jusqu'à ce que le pourtour des biscuits soit ferme. Sortir la plaque à biscuits du four, retirer les biscuits et les laisser refroidir sur une grille.

Environ 4 douzaines
Préparation : 15 minutes
Cuisson : 10 minutes

─ CONSEIL ─

Vérifiez la cuisson des biscuits dès que le temps minimum de cuisson est écoulé. S'ils ne sont pas tout à fait cuits, poursuivre la cuisson en la vérifiant très souvent.

Index